Барбара Леннквист

ПУТЕШЕСТВИЕ ВГЛУБЬ РОМАНА

Лев Толстой: Анна Каренина

ЯЗЫКИ СЛАВЯНСКОЙ КУЛЬТУРЫ
МОСКВА 2010

УДК 80
ББК 83.3(2Рос=Рус)
Л 33

Леннквист Барбара

Л 33 Путешествие вглубь романа. Лев Толстой: Анна Каренина. — М.: Языки славянской культуры, 2010. — 128 с. — (Studia philologica).

ISSN 1726-135X
ISBN 978-5-9551-0436-2

Книга, которую держит в руках читатель, приглашает в увлекательное путешествие по малоизведанному миру толстовского романного языка, пропитанного особыми символами и смыслами. Она адресована широкому кругу читателей и всем тем, кто интересуется творчеством Льва Толстого.

ББК 83.3

В оформлении переплета использована картина Владимира Галацкого

ISBN 978-5-9551-0436-2

Je crois sincèrement que la meilleure critique
est celle qui est amusante et poètique;
non pas celle-ci, froide et algébraïque,
qui, sous prétexte de tout expliquer,
n'a ni haine ni amour,
et se dépouille volontairement
de toute espèce de tempérament.

Baudelaire

ОГЛАВЛЕНИЕ

Предисловие

В жизни все монтажно —
но только нужно найти, по какому принципу.

Виктор Шкловский

Книга эта возникла от большого удивления. Удивление пришло, когда я перечитывала некоторые эпизоды романа «Анна Каренина». Вот Анна заходит в купе вагона и кладет свою дорожную сумочку на диван: «Мешок, вздрогнув на пружинах, улегся». Толстой так описывает этот аксессуар последнего путешествия Анны, как будто это живое существо! Значит, дорожный мешочек Анны — это нечто больше, чем просто некая реалистическая деталь. И тут во мне проснулось сильное любопытство: а что же это такое? Пришлось перечитать роман еще раз, обращая внимание на все те места, где встречается мешок Анны. И выяснилось много интересного: что, к примеру, этот мешочек, который всегда сопутствует Анне *в дороге*, вдруг появляется и во сне Анны, таким образом трансформируясь в некий символ. Так что вслед за этим пришло время углубиться и в распутывание сложного смысла сна Анны, — и эта работа, в свою очередь, помогла приблизиться к пониманию хода художественного мышления Толстого. Сон у Толстого, оказывается, имеет два измерения. С одной стороны, — это предсказание, окно в таинственное будущее, и так его толкует и сама Анна. С другой стороны, через сон героини читатель проникает в ее душу, — и тут Толстой предвосхищает то понимание сна, которое затем было развито в психиатрии XX века. Чем больше вглядываешься в сон Анны, тем яснее становится: это — своего рода «текст в тексте», где собраны в клубок элементы, которые имеют свое продолжение в образно-мотивной структуре романа: мешок, мужик, французский язык. Потом я обратила внимание на то, что сон, который видит Вронский, — это вариант сновидения Анны, и оба сна взаимно отражаются друг в друге. Так, мужик из сна Анны трансформируется в «обкладчика» у Вронского. Эта деталь выводит нас к другой образно-символической линии романа — к охоте, особенно к «медвежьей охоте», ведь своего рода «медвежья тема» открывается уже в самом начале «Анны Карениной». Левин на катке у Зоологического сада изъясняется в своих чувствах Кити Щербацкой. Кити уже стала взрослой девицей, готовой к замужеству, — и ее гувернантка говорит: «tiny bear уже стал большой», то есть Кити уже «большая медведица». Конечно, после этого открытия я с особым вниманием следила за всеми «медведями» романа и нашла целую сеть связанных с ними образов. И тут нельзя было не восхищаться искусством Толстого, который без единого шва соединяет «реалистический» план романа с глубоким символическим подтекстом, создавая удивительное художественное единство. В «медвежью» сеть оказались втянуты небесные созвездия и вполне земное пчеловодство. Именно исследование «медвежьей линии» показало, насколько сложна и многослойна образная символизация у Толстого и какую роль во всем этом играет сама словесная ткань.

Теперь я уже была уверена: никакие повторы образов и мотивов не случайны в романе, и их настойчивое акцентирование должно иметь свое художественное объяснение. Особенно бросались в глаза конкретные указания Толстого на язык, которым пользуются герои, — французский или английский — да и вообще его многочисленные замечания обо всем «французском» и «английском». В метель, перед встречей с Вронским на платформе и его объяснением в любви, Анна читает *английский* роман. А потом и вся их совместная история приобретает явно «английскую» окраску благодаря множеству конкретных деталей и реплик, общий знаменатель которых — искусственность и даже фиктивность жизни этой пары. Но тем самым союз Вронский — Анна противопоставляется союзу Левин — Кити. Перед нами не просто две параллельные «линии» романа, как это было принято считать. Толстой многими нитями сшивает эти два брака в цельную картину. Соединяющей «два дома» фигурой выступает Долли Облонская, которая тем самым становится первостепенным персонажем романа. Именно Долли с ее нехитрой жизненной философией неявно выступает неким моральным мерилом: жизнь нельзя сконструировать, ее можно только «залатать».

После того как обнаружилось значение «всего английского» в романе, для меня стало естественным обратиться и к другому «чужому языку», французскому. Исследование всех ситуаций, где герои им пользуются, показало особенную сложность связи внутренней жизни с языком, так как французский язык — одновременно и «свой» и «не-свой» для того общества, которое описывается в романе. Через французский язык стало возможным лучше и точнее разобраться в сложной анатомии интимных отношений Анны и Вронского — и понять внутреннюю суть их разрыва.

Чтение романа под углом зрения того или иного образа или мотива каждый раз естественно превращалось в толкование *всего* текста. Открывались совсем неожиданные фокусы, которые давали свежее видение текста романа, свободное от толстых слоев трафаретных толкований, покрывших со временем «Анну Каренину». Обнаружение логики художественного мышления Толстого в самом *тексте* романа, без привлечения фактов его биографии или его собственных теоретизирований о жизни и искусстве стало очень увлекательной задачей.

Как переводчик русской литературы, в том числе и Толстого, я давно с особым и пристальным вниманием отношусь к *слову*. В предлагаемом прочтении «Анны Карениной» я хотела показать искусство Толстого именно как *мастера слова*, — искусство, которое так часто заслоняется грандиозной фигурой Толстого-мыслителя.

Название книги — «Путешествие вглубь романа» — отражает сам ход моего чтения. Обнаружив какую-то «говорящую деталь», я погружалась в смысловой контекст, в котором эта деталь живет и развивается. Описание этого сложного образно-смыслового контекста и составляет содержание каждой главы книги. Если мы представим текст «Анны Карениной» как некий ландшафт, то каждая глава — это как бы тропа в окружении живописных пейзажей. Эти тропы иногда идут параллельно, иногда пересекаются, но всегда за поворотом открывается что-то новое. Приглашаю и читателя в это увлекательное путешествие вглубь романа!

Так как мое «чтение» романа развивалась в течение многих лет (и некоторые мои размышления были опубликованы в отдельных статьях), я, разумеется, одновременно читала и «толстовскую литературу». Но в предлагаемой мною библиографии я привожу в основном литературу, на которую ссылаюсь в этой книге. Если все же попытаться связать мой метод анализа текста с другими исследованиями «Анны Карениной», то прежде всего надо будет назвать работы Бориса Эйхенбаума. В первой главе этой книги я отдаю должное его наблюдениям и в некотором отношении продолжаю начатую им линию исследования. Мое специальное внимание к *подробностям* неожиданно сблизило мой «метод» с работами о Толстом Виктора Шкловского, который всегда с особым вниманием относился к художественной детали.

Читатель столкнется в моей работе с повторными обращениями к некоторым сюжетам. Но такова сама художественная структура романа: его образы и мотивы переплетаются, пересекаются, налагаются друг на друга. Поэтому повторов было не избежать, и я должна попросить за это у читателя прощения.

В ГОСТЯХ У ПУШКИНА

Допивая утренний кофе 18 марта 1873 года, граф Толстой видит на подоконнике книгу, берет ее и начинает читать, восхищается. Книга эта — *Повести Белкина* (в издании П. В. Анненкова. СПб., 1855). Вечером он рассказывает Софье Андреевне: «А я написал полтора листочка и, кажется, хорошо» (Толстая 1978: 500). Эти полтора листочка — не новая попытка начать роман об эпохе Петра Первого, над замыслом которого Толстой мучится уже годами. Это — начало нового романа, который потом получит название *Анна Каренина.*

25 марта Толстой пишет письмо Н. Н. Страхову, где рассказывает ему, что толчком к новому роману послужило чтение отрывка Пушкина «Гости съезжались на дачу графини...»:

> И там есть отрывок «Гости собирались на дачу». Я невольно, нечаянно, сам не зная зачем и что будет, задумал лица и события, стал продолжать, потом, разумеется, изменил, и вдруг завязалось так красиво и круто, что вышел роман [...] очень живой, горячий [...] и который ничего общего не имеет со всем тем, над чем я бился целый год (ПСС 62: 16)[1].

А Софья Андреевна рассказывает в своем дневнике, как еще 18 марта «он [Левочка] перечитывал вслух мне о старине, как помещики жили и ездили по дорогам, и тут ему объяснился во многом быт дворян» (Толстая 1978: 500—501).

В письме к П. Д. Голохвастову 30 марта Толстой еще более восторженно пишет о Пушкине:

---

[1] Толстовское Полное Собрание Сочинений в 90 т. (1928—1958) цитируется как ПСС, с указанием тома и страницы. Для текста романа *Анна Каренина* было использовано издание: *Толстой Л. Н.* Собрание сочинений: В 20 т. Т. 8—9. М., 1963. В каждой цитате указывается часть и глава романа. В тексте Толстого курсив мой (Б. Л.), если не сказано особо.

> Вы не поверите, что я с восторгом, давно уже мною не испытываемым, читал это последнее время после вас — повести Белкина, в 7-й раз в моей жизни. Писателю надо не переставать изучать это сокровище (ПСС 62: 18).

Но что почерпнул Толстой из пушкинского «сокровища»? Какие следы оно оставило в новом романе, который так интенсивно развивался после чтения Пушкина?

В своих исследованиях Борис Эйхенбаум обратил специальное внимание на *отрывки* Пушкина и нашел в них интересную перекличку с романом Толстого. Так, например, гости в отрывке «Гости съезжались на дачу...» обсуждают и осуждают поведение молодой женщины Зинаиды Вольской, и похожим образом гости в салоне княгини Бетси Тверской сплетничают об Анне Карениной. Эйхенбаум предполагает, что последнюю фразу этого отрывка можно читать прямо «как эпиграф к будущему роману» (Эйхенбаум 1974: 149). Речь идет о словах: «В ней много хорошего и гораздо менее дурного, нежели думают. Но страсти ее погубят».

Еще более ценно другое наблюдение Эйхенбаума. Он заметил, что из фрагмента Пушкина «На маленькой площади, перед деревянным домиком стояла карета...» в роман Толстого перекочевала *сцена ссоры* Зинаиды с любовником Володским. Эйхенбауму эта сцена видится «своего рода конспектом при описании последней ссоры Анны с Вронским» (Эйхенбаум 1974: 149). Хочу заметить, что здесь интересна не только сцена, описывающая отъезжающую карету Володского-Вронского и Зинаиду-Анну, смотрящую на него через окно, но и перекличка такой детали, как *перчатки* любовника. У Пушкина читаем:

> Валериан уже не слушал. Он *натягивал давно надетую перчатку* и нетерпеливо поглядывал на улицу (Пушкин 1957: 573; курсив в цитатах везде мой. — *Б. Л.*).

А у Толстого:

> Она подошла к окну и видела, как он *не глядя взял перчатки* [...]. Потом, не глядя в окна, он сел в свою обычную позу в коляске, заложив ногу на ногу, *и, надевая перчатку*, скрылся за углом (ч. 7, гл. 26, т. 9: 372).

Этот жест — надевание-натягивание перчаток — у обоих писателей становится знаком того окончательного прощания, которое сцена предвещает. Отъезд Вронского происходит даже с некоторым замедлением: он возвращается, и только когда ему поданы перчатки, он решительно уезжает:

> Она слышала звуки его шагов по кабинету и столовой. У гостиной он остановился. Но он не повернул к ней, он только отдал приказание о том, чтоб отпустили без него Войтову жеребца. Потом она слышала, как подали коляску, как отворилась дверь, и он вышел опять. Но вот он опять вошел в сени, и кто-то взбежал наверх. Это камердинер вбегал за забытыми перчатками (ч. 7, гл. 27, т. 9: 372).

Задержка с перчатками у Толстого дает Анне возможность как бы еще опомниться, преодолеть состояние обиды и не дать Вронскому уехать, примириться с ним. В то же время перенесение внимания на перчатки выдвигает этот предмет на более важное место в построении текста, реалистическая деталь наделяется символическим подтекстом.

Может быть, нечто подобное имел в виду Толстой, когда он сказал, что «у великих поэтов, у Пушкина, эта гармоническая правильность распределения предметов доведена до совершенства» (ПСС 62: 22). Нет «описательства», материал отбирается по некой «системе», которая втягивает любой предмет в свою сеть. Виктор Шкловский выразил похожую мысль в кинематографических понятиях: «реалистичность и Пушкина, и Толстого основана на замене общих планов большим количеством *крупных планов*» (Шкловский 1981: 147). Перчатки, «крупно» показанные, становятся по-особому весомыми.

Интересно, что в то самое время, когда Толстой восхищается Пушкиным и начинает писать *Анну Каренину*, он вновь просматривает *Войну и мир* для нового издания и находит, что там много «многословной дребедени».

Хотя Толстой сам называл *Повести Белкина* чтением, стимулирующим работу над новым романом, толстоведами мало сказано о возможных текстуальных влияниях, подобных тем, что отметил Эйхенбаум, опираясь на фрагменты Пушкина. Я хочу предложить гипотезу об особой связи *Анны Карениной* с одной из повестей Белкина, а именно с «Барышней-крестьянкой». Связующее звено в этом предполагаемом генезисе — *княгиня Бетси Тверская*, кузина Вронского.

Как уже известно, собрание гостей в ее салоне восходит к «гостям графини» во фрагменте Пушкина. Но имя Бетси ведет нас скорее к дочери англомана Муромского в повести Пушкина: «дочь англомана моего, Лиза (или Бетси, как звал ее обыкновенно Григорий Иванович)» (Пушкин 1957: 148). А что общего можно найти между Бетси Муромской и Бетси Тверской? Какие черты соединяют этих двух Бетси?

Чтобы скрыть свое «русское лицо», Лиза-Бетси берет у своей мадам, мисс Жаксон, баночку английских белил и белится «по уши», чтобы стать неузнаваемой («иностранкой») для молодого барина из соседней усадьбы. *Белила на лице* – это подчеркнутая черта внешности *англичанки* у Пушкина.

> Стол был накрыт, завтрак готов, и *мисс Жаксон, уже набеленная* и затянутая в рюмочку, нарезывала тоненькие тартинки. [...] вместо Лизы вошла *мисс Жаксон, набеленная*, затянутая, с потупленными глазами и с маленьким книксом [...] (Пушкин 1957: 155, 162).

С бледным, напудренным лицом видим и княгиню Бетси у Толстого:

> Княгиня Бетси, не дождавшись конца последнего акта, уехала из театра. Только что успела она войти в свою уборную, *обсыпать свое длинное бледное лицо пудрой*, стереть ее, оправить прическу и приказать чай в большой гостиной, как уж одна за другою стали подъезжать кареты к ее огромному дому на Большой Морской (ч. 2, гл. 6, т. 8: 158).

Но «английскость» Бетси получает большее развитие у Толстого. Язык ее салона сплошь пересыпан английскими словечками (у помещика Муромского появляется одно «my dear»):

> — Расскажите нам что-нибудь забавное, но не злое, — сказала жена посланника, великая мастерица изящного разговора, называемого по-английски small-talk [...].
>
> — Никогда не поздно раскаяться, — сказал дипломат английскую пословицу. [...]
>
> — Ваш Рамбулье в полном составе, — сказал он [Каренин], оглядывая все общество [...] Но княгиня Бетси терпеть не могла этого тона его, sneering, как она называла это [...].
>
> — Как я рада, что вы приехали, — сказала Бетси. [...] Мы с вами успеем по душе поговорить за чаем, we'll have a cosy chat, не правда ли? — обратилась она к Анне. [...] Действительно, за чаем [...] завязался a cosy chat, какой и обещала княгиня Тверская до приезда гостей. Они пересуживали тех, кого ожидали [...] (ч. 2, гл. 6—7, т. 8: 159, 164, 167; ч. 3, гл. 17, т. 8: 347—348, 349).

Салонная болтовня соответствует игре в крокет, главной забаве гостей:

> А вы бы пошли, — обратилась она [Бетси] к Тушкевичу, — с Машей попробовали бы крокет-гроунд там, где подстригли. [...] Вошел

> Тушкевич, объявив, что все общество ждет игроков в крокет (ч. 3, гл. 17—18, т. 8: 347, 355).

«Английская» жизнь Бетси характеризуется большой роскошью и праздностью — чертами, которые повторяются в усадебной жизни ее кузена, графа Вронского. Жизнь в имении Воздвиженское также построена «на английский лад».

Если у пушкинского помещика Муромского английский образ жизни описан как очередная проказа хозяина, как «ряжение» во время праздника (мотив, который пронизывает всю повесть), «английскость» у Толстого переходит в другую тональность. В Воздвиженском Вронского жизнь строится *по-современному*, подчеркиваются «новые приемы» во всем хозяйстве. Главная английская черта — введение *машин* во все процессы, которые раньше осуществлялись вручную, людьми. Кроме того, люди соединяются не для того, чтобы заниматься чем-то настоящим, как в имении Левина, Покровском, где женщины вместе варят малину на веранде, мужчины едут на охоту, дети и взрослые сообща собирают грибы в лесу. В Воздвиженском у Вронского собираются для прогулок и «пустых игр». Заводила в этом деле молодой гость «Васенька» Весловский, имя которого перекликается с тем «Васькой», который в салоне Бетси выступает поклонником *современной* эмансипированной Сафо Штольц. Глазами гостьи Дарьи Александровны (Толстой тут избегает ее англизированного имени «Долли») мы следим за жизнью в имении.

> После обеда посидели на террасе. Потом стали играть в lawn tennis. Игроки, разделившись на две партии, расстановились на тщательно выровненном и убитом *крокетграунде*, по обе стороны натянутой сетки с золочеными столбиками (ч. 6, гл. 22, т. 9: 236).

Подчеркивается роскошь *граунда* (золоченые столбики), но одновременно его «остриженность», т. е. некое вмешательство человека в природу. Дарья Александровна с трудом понимает английскую игру. Ей кажется ненатуральным, что взрослые люди занимаются такой игрой, без детей. С беспокойством она следит за другой игрой — флиртом Анны с Васенькой.

> Во время же игры Дарье Александровне было невесело. Ей не нравилось продолжавшееся при этом игривое отношение между Васенькой Весловским и Анной и та общая ненатуральность больших, когда они одни, без детей, играют в детскую игру. Но, чтобы не расстроить других и как-нибудь провести время, она, отдохнув, опять присоеди-

> нилась к игре и *притворилась, что ей весело.* Весь этот день ей все казалось, то она играет *на театре* с лучшими, чем она, актерами и что ее плохая игра портит все дело (ч. 6, гл. 22, т. 9: 236).

Ощущение, что в Воздвиженском все *играют в жизнь*, вместо того чтобы жить, все усиливается у Дарьи Александровны в течение дня. В этот театр входит постоянное *переодевание* — Анна появляется в *четырех* разных нарядах в тот единственный день, который Дарья проводит в имении. И хотя в аристократическом кругу и был обычай переодеваться перед обедом, в тексте есть намек на потребность Анны «смывать грязь», скорее внутреннюю, чем внешнюю, через это переодевание:

> [Анна] — Теперь пойду одеваться, а тебе пришлю девушку. [...] Теперь надо идти одеваться. Я думаю, и ты тоже. *Мы все испачкались на постройке* [...]. Да, мы здесь очень чопорны, — сказала она, как бы извиняясь за свою нарядность (ч. 6, гл. 18 и 22, т. 9: 214, 229).

Переодевание Анны контрастирует с тем, что у Дарьи только одно «лучшее платье».

> Одеваться ей не во что было, потому что она уже надела свое лучшее платье; но чтоб ознаменовать чем-нибудь свое приготовление к обеду, она попросила горничную обчистить ей платье, переменила рукавчики и бантик и надела кружева на голову (ч. 6, гл. 22, т. 9: 229).

Переодевание, как и новые постройки в имении, обозначают некую *перемену* ситуации, и становятся субститутом той главной перемены, которая никак не осуществляется, — развода Анны и освящения ее брака с Вронским.

Если английский образ жизни в усадьбе у Пушкина описан в шутливом тоне словами Берестова, соседа Муромского: «Куда нам по-английски разоряться! Были бы мы по-русски хоть сыты», — то у Толстого «англицизм» приобретает угрожающий характер. Современный образ жизни в Воздвиженском дышит фальшью и механистичностью, и переодевание не носит того характера веселой игры, которым оно наделено у Пушкина.

Английская мадам у дочери Муромского, мисс Жаксон, только *смешная* со своими белилами и корсетами («затянутая в рюмочку»), но англичанка, занимающаяся дочерью Анны и Вронского, видится уже как морально сомнительное явление:

> Услыхав голос Анны, нарядная, высокая, *с неприятным лицом и нечистым выражением* англичанка, поспешно потряхивая белокурыми

буклями, вошла в дверь и тотчас же начала оправдываться, хотя Анна ни в чем не обвиняла ее. На каждое слово Анны англичанка поспешно несколько раз приговаривала: «Yes, my lady» (ч. 6, гл. 19, т. 9: 217).

Англичанка в Воздвиженском описывается куклой-машиной и тем самым входит в тот инвентарь, который определяет усадебную жизнь Вронского. А Дарья Александровна связывает ее внешность с ненормальным укладом семейной жизни в имении:

Только тем, что в такую *неправильную* семью, как Аннина, не пошла бы хорошая, Дарья Александровна и объяснила себе то, что Анна, с своим знанием людей, могла взять к своей девочке такую *несимпатичную, нереспектабельную* англичанку (ч. 6, гл. 19, т. 9: 217).

У Толстого «английское» имение Вронского противопоставляется усадьбе Левина, Покровскому. Если у Вронского все «с иголочки новое» и иностранное, то у Левина преобладает русскость. Противопоставление двух имений обыгрывается во множестве деталей. Одна из более значимых — *залатанность* не только покровского экипажа, в котором едет Долли-Дарья («кучер Левина в своем не новом кафтане и полуямской шляпе, на *разномастных* лошадях, в коляске с *залатанными* крыльями») (ч. 6, гл. 24, т. 9: 244), но и ее одежды:

Дарье Александровне [...] было совестно пред ней за свою, как на беду, по ошибке уложенную ей заплатанную кофточку. Ей стыдно было за те самые заплатки и заштопанные места, которыми она так гордилась дома (ч. 6, гл. 19, т. 9: 215).

Подчеркивание «залатанности» ипостасирует название имения *Покровское*. Название Покровское, производное от *Покров*, ассоциативно связано с *защитой*, со свадьбой, с материнством[2]. В Покровском Левина празднуется брак и семейная жизнь: беременность Кити и многочисленные дети часто там гостившей ее сестры Долли — антиподы стерильной жизни в Воздвиженском, где Анна чуждается своей дочери и втайне от Вронского решила не иметь больше детей.

Не исключено, что противопоставление двух усадебных хозяйств также навеяно повестью Пушкина. Ведь у англомана Муромского есть сосед Берестов, которого он считает «провинциалом и *медведем*». А в имении Вронского критикуют Левина как отсталого:

---

[2] Ср. в народных поверьях: «Покров Божьей Матери»; «Невеста под покровом, под ширинкой или фатой, под покрывалом»; «Батюшка Покров, покрой землю снежком, а меня молоду, женишком!» (Даль, т. 3: 247).

2 — 3806

Свияжский заговорил о Левине, рассказывая его странные суждения о том, что машины только вредны в русском хозяйстве.

— Я не имею удовольствия знать этого господина Левина, — улыбаясь, сказал Вронский, — но, вероятно, он никогда не видал тех машин, которые он осуждает. А если видел и испытывал, то кое-как, и не заграничную, а какую-нибудь русскую. А какие же тут могут быть взгляды?

— Вообще турецкие взгляды, — обратясь к Анне, с улыбкой сказал Весловский. [...]

— Я его очень люблю, и мы с ним большие приятели, — добродушно улыбаясь, сказал Свияжский, — Mais pardon, il est un petit peu toqué: например, он утверждает, что и земство и мировые суды — все не нужно, и ни в чем не хочет участвовать (ч. 6, гл. 22, т. 9: 233—234).

Если у Пушкина слово «медведь» характеризует соседа Берестова как дикого, нецивилизованного (и, разумеется, «исконно русского», как сама *береста,* «основа» его фамилии), то у Толстого образ *медведя* получает большое развитие в связи с Левиным и его отношением к Кити.

Как мы видим, то, что в небольшой пушкинской повести — только словцо или игра, углубляется у Толстого, становится романной реальностью, *воплощается.* Одновременно смещаются оценки описываемого: «английский» театр в усадьбе Муромского с веселым маскарадом дочери Бетси оборачивается миром фикций Анны и Вронского в Воздвиженском, где играют в брак. И Толстой беспощадно морализирует: человек не может жить фикцией. И потому воплощающийся в жизнь *английский роман* — тот самый, который читает Анна в поезде перед объяснением в любви Вронского, — обречен.

ОГОНЬ И ЖЕЛЕЗО

Любовь не пожар,
а загорится — не потушишь

Русская пословица

...в наш век пороков и железных дорог

Лебедев в «Идиоте» Достоевского

Первая встреча Анны с Вронским происходит в вагоне поезда. Герои романа встречаются в дверях, на пороге, в тот самый момент, когда Вронский входит в отделение, а Анна выходит оттуда. Важность встречи для обоих (и для всего сюжета романа) знаменуется своего рода *повтором*, дублированием встречи:

Когда он оглянулся, она тоже повернула голову (ч. 1, гл. 18, т. 8: 77).

Железная дорога тем самым становится *хронотопом* отношений Вронского и Анны [1]. Более того, образ железной дороги, семантически насыщенный, по мере развертывания романа реализует разные аспекты своей потенциальной символики. Вечная метафора *жизни-дороги* (как нельзя более предметно воплотившаяся в романе) у Толстого получает неожиданный атрибут: эта дорога жизни — *железная*. Буквальное значение атрибута — сделанный из металла, железа — вызывает целую ассоциативную парадигму (неорганическое вещество, извлекаемое из подземных недр; обрабатывается огнем в кузне; пре-

[1] «В чем значение рассмотренных нами хронотопов?» — спрашивает Бахтин, который ввел это понятие, и отвечает: «Прежде всего, очевидно их **сюжетное** значение. [...] В хронотопе завязываются и развязываются сюжетные узлы. Можно прямо сказать, что им принадлежит основное сюжетообразующее значение. Вместе с этим бросается в глаза **изобразительное** значение хронотопов. Время приобретает в них чувственно-наглядный характер; сюжетные события в хронотопе конкретизуются, обрастают плотью, наполняются кровью» (Бахтин 1986: 282).

вращается кузнецом-демиургом в орудия-оружия для *человеческого* строения / разрушения мира). Именно эта «железная аура» становится образной доминантой линии Анна-Вронский.

Мотив металла соединяется с мотивом огня, традиционным образом страсти и любви. Этот огонь прежде всего обнаруживает себя в глазах Анны[2]. То, что привлекает Вронского при первой встрече, это тот *блеск*, который излучают ее глаза:

> *Блестящие*, казавшиеся темными от густых ресниц, серые глаза дружелюбно, внимательно остановились на его лице. [...] В этом коротком взгляде Вронский успел заметить сдержанную оживленность, которая играла в ее лице и порхала между *блестящими глазами* и чуть заметной улыбкой, изгибавшею ее румяные губы. Как будто избыток чего-то так переполнял ее существо, что мимо ее воли выражался то *в блеске взгляда*, то в улыбке (ч. 1, гл. 18, т. 8: 77).

Блеск, вспыхивающий в глазах Анны при контакте с Вронским, потом повторяется на балу, где его видит даже Кити, внимательно следящая за ними в танцевальном зале:

> Она видела, что Анна пьяна вином возбуждаемого ею восхищения. Она [...] видела *дрожащий, вспыхивающий блеск в глазах* и улыбку счастья и возбуждения [...]. Каждый раз, как он говорил с Анной, в глазах ее *вспыхивал радостный блеск* [...] (ч. 1, гл. 23, т. 8: 99).

Кити видит, что Вронский очарован Анной, что он во власти такой силы, против которой он ничего не может («во взгляде его было одно выражение покорности и страха» (с. 100)). И эта сила, как ее чувствует Кити, имеет прямо *колдовскую* основу, выражаемую автором в настойчивом повторении слова *прелестный / прелесть*[3]:

> Какая-то *сверхъестественная сила* притягивала глаза Кити к лицу Анны. Она была *прелестна* в своем простом черном платье, *прелестны* были ее полные руки с браслетами, *прелестна* твердая шея с нит-

---

[2] В русском фольклоре самое ясное выражение огня-любви мы находим в заговорах: «В печи огонь горит, палит, пышет и тлит дрова, так бы тлело, горело сердце у рабы божьей...» (Петров 1981: 107).

[3] Толстой пользуется словом «прелесть» преимущественно для *физической* красоты, телесной притягательности. В *Войне и мире* Андрей Болконский, раненый в бородинской битве, думает о Наташе Ростовой: «И он живо представил себе Наташу *не так*, как он представлял себе ее прежде, *с одною ее прелестью*, радостной для себя; но *в первый раз представил себе ее душу*» (*Война и мир*, ч. 3, гл. 32).

кой жемчуга, *прелестны* вьющиеся волосы расстроившейся прически, *прелестны* грациозные легкие движения маленьких ног и рук, *прелестно* это красивое лицо в своем оживлении, но было что-то ужасное и жестокое в ее *прелести*. [...]

«Да, что-то чуждое, *бесовское и прелестное* есть в ней», — сказала себе Кити (ч. 1, гл. 23, т. 8: 101—102).

Пятикратным повторением слова *прелесть* автор как будто добирается до этимологического дна и выводит наружу *бесовскую* сущность овладевшего обоими огня. В конце бала Вронский уже в плену:

— А вы решительно едете завтра? — спросил Вронский.

—Да, я думаю, — отвечала Анна, как бы удивляясь смелости его вопроса; но *неудержимый дрожащий блеск глаз* и улыбки *обжег его*, когда она говорила это (с. 102—103).

Объяснение в любви Вронского к Анне, как раньше их первая встреча, происходит на железнодорожной станции. Анна возвращается в Петербург, не зная, что Вронский едет тем же поездом. Она находится в сильном возбуждении, ее бросает в жар. Любовный жар внутри Анны перекликается с той жарой, которая царит в вагоне поезда. Анна задыхается от жары, впадает в забытье со странными видениями, снимает одежду («Она поднялась, чтоб опомниться, откинула плед и сняла пелеринку теплого платья» (ч. 1, гл. 29, т. 8: 123)) и решает выйти подышать воздухом, когда поезд останавливается на станции. Там ее встречает снежная буря, «страшная метель» охватывает ее, но она с радостью отдается этой силе:

И она отворила дверь. Метель и ветер рванулись ей навстречу и заспорили с ней о двери. И это ей показалось весело. Она отворила дверь и вышла. Ветер как будто только ждал ее, радостно засвистал и хотел подхватить и унести ее, но она рукой взялась за холодный столбик и, придерживая платье, спустилась на платформу и зашла за вагон (ч. 1, гл. 29, т. 8: 123).

В снежной буре на платформе Анне вдруг видится согнутая тень человека, и слышатся *звуки битья по железу*:

Согнутая тень человека проскользнула под ее ногами, и послышались *звуки молотка по железу* (ч. 1, гл. 30, т. 8: 124).

Вскоре после этого кто-то в военном пальто появляется подле нее, и она узнает в этом человеке Вронского.

— Я не знала, что вы едете. Зачем вы едете? — сказала она, опустив руку, которою взялась было за столбик. И неудержимая радость и оживление сияли на ее лице.

— Зачем я еду? — повторил он, глядя ей прямо в глаза. — Вы знаете, я еду для того, чтобы быть там, где вы, — сказал он, — я не могу иначе (ч. 1, гл. 30, т. 8: 124).

Признание Вронского («я еду для того, чтобы быть там, где вы») звучит под аккомпанемент тремоло *оторванного железного листа.*

И в это же время, как бы одолев препятствие, ветер посыпал снег с крыш вагонов, затрепал каким-то железным оторванным листом, и впереди плачевно и мрачно заревел густой свисток паровоза. Весь ужас метели показался ей еще более прекрасен теперь (ч. 1, гл. 30, т. 8: 124—125).

Вся встреча, закрепляющая взаимную связь героев, происходит, таким образом, под музыку металла. Стук молотка и грохотание железного листа в этой симфонии ветра и метели как бы персонифицируют Вронского. Само имя «Вронский», кроме привычной реминисценции «вороной конь», ассоциируется с металлом («воронить, вороненая сталь») и с оружием («вороненый револьвер»)[4]. И свирепствующая на станции метель вводит героев романа под покровительство «бесовской силы».

На том же пути Анны в Петербург появляется еще один предмет, который, можно предположить, сделан из металла. Придя в вагон, Анна устраивается в отделении: она достает из своего красного мешочка «*разрезной ножик* и английский роман». Разрезая листы, Анна читает про чужое счастье и воображает себя героиней романа:

Ей слишком самой хотелось жить. Читала ли она, как героиня ухаживала за больным, ей хотелось ходить неслышными шагами по комнате больного; читала ли она о том, как член парламента говорил речь, ей хотелось говорить эту речь; читала ли она о том, как леди Мери ехала верхом за стаей и дразнила невестку и удивляла всех своею смелостью, ей хотелось это делать самой. Но делать нечего было, и она, *перебирая своими маленькими руками гладкий ножичек*, усиливалась читать (ч. 1, гл. 29, т. 8: 121—122).

---

[4] Кроме того, имя отдает чернотой и даже несчастьем, ср. «Вороных лошадей под жениха с невестой в поезде не берут» (Даль, т. 1: 244). Интересно, что «новенький шарабан», который Долли Облонская встречает, подъезжая к имению Вронского, запряжен «крупным *вороным* рысаком» (ч. 6, гл. 17, т. 9: 208).

«Гладкий ножик» служит ключом от двери в фиктивный романный мир, где Анна желала бы видеть себя. Но эта придуманная жизнь, в которую она погружается, одновременно *смешивается* для нее с реальностью:

> Герой роман уже начал достигать своего английского счастья, баронетства и имения, и Анна желала с ним вместе ехать в это имение, как вдруг она почувствовала, что ему должно быть стыдно и что ей стыдно этого самого. Но чего же ему стыдно? «Чего же мне стыдно?» — спросила она себя с оскорбленным удивлением (ч. 1, гл. 29, т. 8: 122).

В местоимении «он» («ехать вместе с ним», «ему должно быть стыдно») герой английского романа сливается с Вронским, и подлинная жизнь врывается в фикцию через стыд, который испытает Анна за возникшую, но еще не вполне осознанную страсть к Вронскому. Чтобы избавиться от чувства стыда, героиня перестает читать и откидывается на спинку кресла. При этом автор акцентирует внимание на парадоксальном действии Анны: она сжимает ножик в обеих руках, — и это действие, и сам ножик как будто помогают ей освободиться от стыда.

> Она оставила книгу и откинулась на спинку кресла, крепко сжав в обеих руках разрезной ножик. Стыдного ничего не было. Она перебирала все свои московские воспоминания. Все были хорошие, приятные (ч. 1, гл. 29, т. 8: 122).

Концентрация на ножике помогает героине *рационально* взглянуть на свои переживания: нет, «стыдного ничего не было». Тот же ножик потом поможет ей «охлаждать» горящие щеки (тот огонь страсти, которая у Анны неразрывно связана со стыдом):

> Она *провела разрезным ножом по стеклу*, *потом приложила его гладкую и холодную поверхность к щеке* и чуть вслух не засмеялась от радости, вдруг беспричинно овладевшей ею (ч. 1, гл. 29, т. 8: 122).

Ножик, таким образом, оказывается вовлеченным в игру мотивов *металл — огонь — жар — стыд.*

Знаменательно, что огонь внутри Анны полностью исчезает при встрече с мужем, Алексеем Александровичем. Когда она, после возвращения в Петербург, вечером входит в спальню, ничего не осталось от прежнего оживления:

> Раздевшись, она вошла в спальню, но на лице ее не только не было того оживления, которое в бытность ее в Москве так и брызгало из ее глаз и улыбки: напротив, теперь *огонь* казался *потушенным* в ней или где-то далеко *припрятанным* (ч. 1, гл. 33, т. 8: 135).

Автор в ироническом ключе дает нам понять, что Каренин абсолютно не способен возбудить в Анне той страсти, которую открыл в ней Вронский. «Бесовское» существует в жизни Каренина только «книжно», т. е. как фикция: перед тем как ложиться спать, он погружается в книжку с названием *Poésie des enfers*, не имея малейшего понятия о той «адской поэзии», которую уже переживает его жена Анна.

И в дальнейшем в Анне загорается радость и к ней возвращается оживление только при встречах с Вронским, которые часто имеют место у кузины Вронского, Бетси Тверской:

> Там она встречала Вронского и испытывала волнующую радость при этих встречах. [...] в душе ее *загоралось то самое чувство оживления*, которое нашло на нее в тот день в вагоне, когда она в первый раз увидела его. Она сама чувствовала, что при виде его *радость светилась в ее глазах* и морщила ее губы в улыбку, и она *не могла затушить* выражение этой радости (ч. 2, гл. 4, т. 8: 152).

Если огонь, пылающий в Анне, раньше только «обжег» Вронского, то теперь он уже «прожигает» его:

> Ее [Анны] взгляд, прикосновение руки *прожгли* его. Он поцеловал свою ладонь в том месте, где она тронула его, и поехал домой, счастливый сознанием того, что в нынешний вечер он приблизился к достижению своей цели более чем в два последние месяца (ч. 2, гл. 7, т. 8: 169).

Отношения Анны и Вронского теперь уже близки к своему апогею, и после вечера у Бетси, куда приезжает и Каренин, «радость» Анны в первый раз ощущается ею как «преступная». Это происходит после ее объяснения с мужем в их доме. Огонь в Анне уже разросся до «пожара»:

> Анна шла, опустив голову и играя кистями башлыка. Лицо ее блестело ярким блеском; но *блеск этот был не веселый* — он напоминал *страшный блеск пожара* среди темной ночи. Увидав мужа, Анна подняла голову [...] (ч. 2, гл. 9, т. 8: 173).

Каренин, который заметил, что и другие на вечере у Бетси обращали внимание на оживленный разговор Анны с Вронским, решает поговорить об этом с Анной. Но Анна делается «непроницаемой». Она даже чувствует, «что какая-то *невидимая сила* помогала ей и поддерживала ее». Она удивляется «своей способности лжи. Как просты, естественны были ее слова и как похоже было, что ей просто хочется спать!» Она «решает», что не будет понимать, о чем старается говорить ей ее муж.

> — Решительно ничего не понимаю, — сказала Анна, пожимая плечами (с. 175).

Когда Анна входит в спальню, муж ее уже лежит. Она и боится, и желает, чтобы он опять заговорил с ней. Но он молчит, и вскоре ее мысли уже у *другого*: «она видела его и чувствовала, как ее сердце при этой мысли наполнялось волнением и *преступною радостью*» (с. 176). Автор принимает тут точку зрения Анны и не называет *другого*. Переход от *одного* к *другому* незаметен и предсказывает то смешение (между *Алексеем* Александровичем и *Алексеем* Кирилловичем), которое позже воплощается в один из кошмарных снов Анны[5]. Каренин скоро засыпает, но Анна «долго лежала неподвижно с открытыми глазами, *блеск* которых, ей казалось, *она сама в темноте видела*» (с. 176). «Горящие в темноте глаза» (которые опять вызывают ассоциацию с чем-то бесовским) — самое сильное выражение пылающего в Анне огня любви. Скоро после этого исполняется желание Вронского — он становится любовником Анны.

Но утоленная страсть не приносит Анне особенной радости. Она наполняется чувством «*стыда, радости и ужаса* пред этим вступлением в новую жизнь» (с. 178). Со временем «радость» даже исчезает из отношений Анны с Вронским. У Анны начинают преобладать чувства стыда и виновности, которые, правда, уже появились в Москве после бала, но тогда были спрятаны глубоко «в мешок».

Время от времени глаза Анны еще зажигаются «знакомым ему [Вронскому] огнем» (ч. 2, гл. 23), и «тотчас же будто электрический ток пробежал по его телу» (ч. 3, гл. 22), но образ огня уже теряет свой приоритет. В их совместной жизни берет верх другой образ — образ металла.

---

[5] «Ей снилось, что оба вместе были ее мужья, что оба расточали ей свои ласки. Алексей Александрович плакал, целуя ее руки, и говорил: как хорошо теперь! И Алексей Вронский был тут же, и он был также ее муж. И она, удивляясь тому, что прежде ей казалось это невозможным, объясняла им, смеясь, что это гораздо проще и что они оба теперь довольны и счастливы. Но это сновидение, как кошмар, давило ее, и она просыпалась с ужасом» (ч. 2, гл. 11, т. 8: 179).

«Английский роман», который Анна «разрезала» и читала в поезде, становится реальностью в том «романе», который переживают Анна и Вронский в имении Вронского Воздвиженское. Словно в романе, в имение приезжает *невестка* Анны, Долли Облонская, — в английской книге речь шла о «невестке леди Мери» (в роли леди Мери теперь выступает сама Анна).

> Все, что она [Долли] видела, подъезжая к дому и проходя через него, и теперь в своей комнате, все производило в ней впечатление изобилия и щегольства и той новой европейской роскоши, про которые *она читала только в английских романах*, но никогда не видала еще в России и в деревне (ч. 6, гл. 19, т. 9: 214).

Знаменательно, что первый звук, который слышит Долли, подъезжая к усадьбе, — это металлический звон: бьют по косе, по железу:

> *Металлический*, доносившийся от телеги *звон* отбоя по косе затих. Один из мужиков поднялся и пошел к коляске (ч. 6, гл. 17, т. 9: 206).

Металл будет преобладать и далее в организации усадебной жизни, как ее описывает Толстой. Есть у хозяев общее восхищение *машинами*.

Долли вскоре встречается с хозяевами и другими гостями, которые собираются кататься и смотреть, как работают недавно привезенные *жатвенные машины*. Машины станут потом также предметом разговора за столом. Ими особенно интересуется Анна:

> — Ты видела когда-нибудь жатвенные машины? — обратилась она к Дарье Александровне. — Мы ездили смотреть, когда тебя встретили. Я сама в первый раз видела.
>
> — Как же они действуют? — спросила Долли.
>
> — Совершенно как *ножницы*. Доска и много маленьких ножниц. Вот этак.
>
> Анна *взяла* своими красивыми, белыми, покрытыми кольцами руками *ножик* и вилку и стала показывать (ч. 6, гл. 22, т. 9: 231).

Из разговора выясняется, что эти жатки только *режут*, но *не могут вязать*, — деталь, которая оказывается многозначительной в контексте романа.

Главным проектом Вронского, который уже тяготится деревенской праздностью, является постройка *больницы*. Анна, которая живо участвует в планировании, объясняет Долли, что «это памятник, который он оставит здесь» (с. 222). Стройка идет быстрыми темпами — хотя одно здание еще не совсем закончено, уже начато другое:

> Пройдя несколько поворотов и выйдя из калитки, Дарья Александровна увидала пред собой на высоком месте большое красное, затейливой формы, уже почти оконченное строение. Еще не окрашенная *железная крыша ослепительно блестела* на ярком солнце. Подле оконченного строения выкладывалось другое, окруженное лесами, и рабочие в фартуках на подмостках клали кирпичи и заливали из шаек кладку и ровняли правилами (ч. 6, гл. 20, т. 9: 222).

Однако оказывается, что новое здание «начато без плана», и строение стоит криво.

> Обойдя творило, из которого рабочие набирали известку, он [Вронский] остановился с архитектором и что-то горячо стал говорить.
>
> — Фронтон все выходит ниже, — ответил он Анне, которая спросила, в чем дело.
>
> — Я говорила, что *надо было фундамент поднять*, — сказала Анна.
>
> — Да, разумеется, лучше бы было, Анна Аркадьевна, — сказал архитектор, — да, уж упущено (ч. 6, гл. 20, т. 9: 223).

Когда компания входит внутрь больницы, выясняется, что внутренние работы ведутся в некоем «перевернутом порядке»:

> Несмотря на то, что снаружи *еще* доделывали карнизы и *в нижнем этаже красили, в верхнем уже почти все было отделано.* Пройдя по широкой *чугунной* лестнице на площадку, они вошли в первую большую комнату. Стены были оштукатурены под мрамор, огромные цельные окна были уже вставлены, только паркетный пол был еще не кончен [...].
>
> — Сюда, здесь пройдемте. Не подходи к окну, — сказала Анна, пробуя, высохла ли краска. — Алексей, краска уже высохла, — прибавила она (ч. 6, гл. 20, т. 9: 223).

Совместными усилиями *Вронского и Анны* воздвигаемое строение приобретает все больше символическое значение. Оно как будто олицетворяет ту брачную жизнь, в которую они играют в имении Воздвиженское. На «верхнем этаже», на поверхностный взгляд, Анна и Вронский живут в браке, но «фундамент не заложен», развод от Каренина не получен.

Больница хорошо оборудована, со всеми новшествами: «вентиляция новой системы, ванны мраморные, постели с необыкновенными пружинами, тачки такие, которые не будут производить шума, подвозя по коридору нужные вещи».

Но когда Долли вдруг спрашивает о «родильном отделении», Вронский, «несмотря на свою учтивость», перебивает ее.

[Долли] — А не будет у вас родильного отделения? Это так нужно в деревне. Я часто...

[Вронский] — Это не родильный дом, но больница, и назначается для всех болезней, кроме заразительных (с. 224).

И Вронский тут же демонстрирует инвалидную коляску и садится сам в это «кресло для выздоравливающих»:

— Вы посмотрите. Он не может ходить, слаб еще или болезнь ног, но ему нужен воздух, и он ездит, катается... (с. 224).

Однако, задавая невинный вопрос о месте для рождения детей, Долли затронула больное место в отношениях Анны с Вронским. И несколько позже, наедине с Долли, Вронский обращается к ней за помощью в мучающем его вопросе.

— Мы соединены самыми святыми для нас узами любви. У *нас есть ребенок, у нас могут быть еще дети.* Но закон и все условия нашего положения таковы, что являются тысячи компликаций, которых она теперь, отдыхая душой после всех страданий и испытаний, не видит и не хочет видеть. И это понятно. Но я не могу не видеть. Моя дочь по закону — не моя дочь, а Каренина. Я не хочу этого обмана! — сказал он с энергическим жестом отрицания и мрачно-вопросительно посмотрел на Дарью Александровну. [...]

— *И завтра родится сын, мой сын,* и он по закону — Каренин, он не наследник ни моего имени, ни моего состояния, и как бы мы счастливы ни были в семье *и сколько бы у нас ни было детей*, между мною и ими нет связи. Они Каренины. Вы поймите тягость и ужас этого положения! Я пробовал говорить про это Анне. Это раздражает ее. [...]

— Главное же то, что, работая, необходимо иметь убеждение, что дело мое не умрет со мною, что у меня будут наследники, — а этого у меня нет. [...] Помогите мне уговорить ее писать ему и требовать развода! (ч. 6, гл. 21, т. 9: 227—228)

Вронский прекрасно видит состояние Анны — «она счастлива *настоящим*» — но он понимает, что жизнь не может остановиться, есть завтрашний день: «— я боюсь того, что ожидает нас... [...] Но может ли это так продолжаться? Хорошо ли, дурно ли мы поступили, это другой вопрос; но жребий брошен, и мы связаны на всю жизнь» (с. 226—227). Долли обещает поговорить с Анной, но беседа с Вронским возбудила в ее душе сомнение: «А счастлива ли Анна?» И предвидя разговор с ней, Долли вдруг вспоминает «странную новую привычку Анны щуриться»: «Точно она на свою жизнь щурится, чтобы не видеть» (с. 229).

Вечером, наконец, представляется возможность для задушевного разговора между Анной и ее невесткой Долли. Но разговор завязывается с трудом.

> В продолжении дня несколько раз Анна начинала разговоры о задушевных делах и каждый раз, сказав несколько слов, останавливалась. «После, наедине все переговорим. Мне столько тебе нужно сказать», говорила она.
>
> Теперь они были наедине, и Анна не знала, о чем говорить (ч. 6, гл. 23, т. 9: 237).

Долли старается приблизиться к разговору, но не знает даже, как назвать Вронского.

> — Но ты мне скажи про себя. Мне с тобой длинный разговор. И мы говорили с... — Долли не знала, как его назвать. Ей было неловко называть его и графом и Алексей Кириллычем.
>
> — С Алексеем, — сказала Анна, — я знаю, что вы говорили. Но я хотела спросить тебя прямо, что ты думаешь обо мне, о моей жизни?
>
> — Как так вдруг сказать? Я, право, не знаю (с. 237—238).

Анна начинает жаловаться на одиночество в деревне, на которое она обречена, между тем как Вронский имеет возможность на социальную жизнь («Разумеется, я насильно не удержу его. Я и не держу. Нынче скачки, его лошади скачут, он едет» — с. 238). Но когда Долли поднимает вопрос о разводе и выражает желание Вронского узаконить свою дочь («он хочет, чтобы дети ваши имели имя»), Анна вдруг сопротивляется:

> — Какие же дети? — не глядя на Долли и щурясь, сказала Анна.
>
> — Ани и будущие...
>
> — Это он может быть спокоен, у меня не будет больше детей.
>
> — Как же ты можешь сказать, что не будет?..
>
> — Не будет, потому что я этого не хочу.
>
> И, несмотря на все свое волнение, Анна улыбнулась, заметив наивное выражение любопытства, удивления и ужаса на лице Долли.
>
> — Мне доктор сказал после моей болезни . . . . (ч. 6, гл. 23, т. 9: 239)[6].

Без ведома Вронского Анна *перерезает* нить *их* потомству. Ее решение шокирует Долли, которая инстинктивно воспринимает это с

---

[6] Толстой опускает, заменяя многоточием, медицинские детали контрацепции.

этической точки зрения: «— N'est ce pas immoral? — только сказала она, помолчав» (с. 239).

Но Анна переходит на «умысленно поверхностный и легкомысленный тон» и объясняет Долли, что, избегая беременности, она желает «поддержать любовь» Вронского:

> ...Ты пойми, я не жена; он любит меня до тех пор, пока любит. И что ж, чем же я поддержу его любовь? Вот этим?
> Она вытянула белые руки пред животом (с. 240).

В голове Долли начинают кружиться мысли о том, что если Вронский «будет искать этого, то найдет туалеты и манеры еще более привлекательные и веселые [...] как ищет и находит мой отвратительный, жалкий и милый муж» (с. 240). И Долли только вздыхает.

Но Анна настроена полемически и объясняет, что детей она не может иметь из-за своего «положения». Дети будут «несчастные», «носить чужое имя». Она не слушает доводов Долли о необходимости развода, а прибегает к своему *разуму* и произносит роковую фразу:

> — *Зачем же мне дан разум*, если я не употреблю его на то, чтобы не производить на свет несчастных (с. 241).

Когда Долли снова возвращается к вопросу о разводе, Анна кричит:

> — Долли! Мне не хочется говорить про это (с. 242).

И ее привычка *щуриться*, замеченная Долли, вдруг получает словесную форму:

> — Долли! ты говоришь, что я мрачно смотрю. Ты не можешь понимать. Это слишком ужасно. *Я стараюсь вовсе не смотреть.*

И Анна открывает Долли, что при мысли о своем положении она уже не засыпает без морфина.

После ухода Долли Анна, действительно, выпила дозу морфина и «с успокоенным и веселым духом пошла в спальню» (с. 244). В спальне Вронский ищет следов разговора Анны с Долли, он смотрит вопросительно на нее, но «в ее выражении, возбужденно-сдержанном и *что-то скрывающем*, он ничего не нашел» (с. 244). Между Анной и Вронским уже произошло серьезное разобщение, Вронский не знает ни о решении Анны не иметь детей, ни о ее употреблении морфина.

На этом фоне созидательный проект Вронского — *больница* (без родильного отделения) — приобретает символический смысл. И имя самой усадьбы (*Воздвиженское* от праздника Воздвижения Креста Господня) также участвует в этой символизации. Совместная жизнь Анны и Вронского становится со временем все мучительнее, молчанием о «самом главном» воздвигается обоими «крест».

Раздражение Анны общественными обязанностями Вронского и его отъездами из дома выражается также репликой, которая приобретает в контексте романа особое значение.

> [Анна] — Алексей теперь здесь шесть месяцев, и он уж член, кажется, пяти или шести разных общественных учреждений — попечительство, судья, гласный, присяжный, конской что-то. *Du train que cela va* все время уйдет на это. [...]
>
> Долли поняла, что с этим вопросом об общественной деятельности связывалась какая-то интимная ссора между Анной и Вронским (ч. 6. гл. 22, т. 9: 235).

Французское выражение (du train que cela va) со значением «таким образом жизни», т. е. «быстрым, занятым», вдруг вызывает в памяти «поезд железной дороги» (train), — и слова Анны становятся предзнаменованием.

Железо преобладает и в последних впечатлениях Анны от Москвы. Анна выезжает из дома, чтобы посетить Облонских, перед тем как она окончательно покидает город:

> Погода была ясная. Все утро шел частый, мелкий дождик, и теперь недавно прояснило. *Железные* кровли, плиты тротуаров, голыши мостовой, колеса и кожи, *медь и жесть* экипажей — все *ярко блестело* на майском солнце (ч. 7, гл. 28, т. 9: 375).

А в ночь перед последним днем Анна видит свой кошмарный сон[7]:

> Старичок с взлохмаченной бородой что-то делал, *нагнувшись над железом*, приговаривая бессмысленные французские слова, и она, как и всегда при этом кошмаре (что и составляло его ужас), чувствовала, что мужичок этот *не обращает на нее внимания*, но делает это какое-то *страшное дело в железе над нею* (ч. 7, гл. 26, т. 9: 370).

Анна уже под властью некой силы, которая сильнее ее, она скоро сядет в поезд, который понесет ее к роковому месту. Знаменательно, что в том поезде она вдруг слышит знакомую ей фразу — фразу, которую она сама использовала как аргумент при «решении» сложного

---

[7] О сновидении Анны, см. следующую главу «Сон Анны — окно в роман».

вопроса о рождении будущих детей. Дама, которая сидит напротив нее, произносит в ходе разговора с мужем:

> — *На то дан человеку разум*, чтобы избавиться от того, что его беспокоит (ч. 7, гл. 31, т. 9: 386).

Эти слова попадают в душу Анны, которая мысленно повторяет:

> Избавиться от того, что беспокоит... Да, очень беспокоит меня, и *на то дан разум*, чтоб избавиться; стало быть, надо избавиться (с. 386).

Три раза повторенное слово *избавиться* действует в сознании Анны как указание, «что делать». Когда она вскоре оказывается на станции Обираловка и получает краткую (и, как ей кажется, холодную) записку от Вронского, она в растерянности не знает, куда идти. Зачем-то она продолжает идти по платформе и подходит к ее краю именно в момент приближения товарного поезда.

> Она смотрела на низ вагонов, на винты и цепи и на высокие *чугунные колеса* медленно катившегося первого вагона. [...] «Туда! — говорила она себе, глядя в тень вагона, на смешанный с углем песок, которым были засыпаны шпалы, — туда, на самую середину, и я накажу его и *избавлюсь* от всех и от себя» (ч. 7, гл. 31, т. 9: 388).

Таким образом «*железная* судьба» Анны, явленная во множестве деталей и ситуаций романа, окончательно воплощается в «чугунном колесе».

Довершает «железную тему» последнее предсмертное видение Анны из ее кошмарного сна:

> «Господи, прости мне все!» — проговорила она, чувствуя невозможность борьбы. *Мужичок, приговаривая что-то, работал над железом* (ч. 7, гл. 31, т. 9: 389).

СОН АННЫ — ОКНО В РОМАН

Нас непрерывной и вечной загадкой сон сочетал.

Марина Цветаева

В своей работе *Культура и взрыв* Ю. М. Лотман говорит о сне как о «семиотическом зеркале», в котором «каждый видит отражение своего языка»:

> Основная особенность этого языка в его огромной неопределенности. Это делает его удобным для передачи константных сообщений и чрезвычайно приспособленным к изобретению новой информации. Сон воспринимался как сообщение от таинственного другого, хотя на самом деле он — информационно свободный «текст ради текста» (Лотман 1992: 222).

Именно таким «текстом для текста» служит тот сон, который преследует Анну в течение ее романа с Вронским и который странным образом повторяется и у Вронского, «на его языке». Сон не замкнутое целое, он пускает корни в текстуру всего романа, его элементы появляются в реалиях жизни героев. Но сон, благодаря своему существу, преобразует эти элементы и дает им другой смысл, подсвеченный их связью со сновидением.

Ю. М. Лотман говорит о двух функциях сна: традиционной и более новой для европейской культуры. Лотман определяет их так: «Сон-предсказание — окно в таинственное будущее — сменяется представлением о сне как пути внутрь самого себя» (с. 223). В романе Толстого сон совмещает обе эти функции. Так, своеобразная двоякость присуща сну Анны: сама Анна воспринимает его как предсказание, а читатель, скорее, интерпретирует сон как окно в душу Анны. Толстой не выбирает между этими функциями, но самим отбором элементов и их сочетанием дает основу обоим толкованиям.

В первый раз мы сталкиваемся со сном в начале четвертой части романа. В треугольнике Каренин — Анна — Вронский наступило затишье: никто ничего не предпринимает, а все ждут какого-то разрешения мучительной ситуации. Но как и откуда наступит облегчение — неизвестно. Каренин, который уже знает о связи Анны с Вронским, надеется на время: авось пройдет, и старается скрывать происходящее от света. Анна находится в полной нерешительности, символически усиленной ее беременностью, но и она ждет «какого-то решения». Вронский поддается тому же состоянию и ничего не предпринимает. Ситуация, таким образом, самая благоприятная для «предсказаний», т. е. указаний «откуда-то» на то, что будет. Но перед тем как вводить вещий сон Анны, Толстой знакомит нас со сновидением Вронского, подробно описав его занятия, предшествующие сну.

В середине зимы Вронский неделю был «церемониймейстером» у иностранного принца, приехавшего в Петербург. «Необыкновенно здоровый» принц хочет испробовать все «русские удовольствия»: «Были и рысаки, и блины, и медвежьи охоты, и тройки, и цыгане, и кутежи с русским битьем посуды» (ч. 4, гл. 1, т. 8: 415). Но, как иронически отмечает Толстой, «из всех русских удовольствий более всего нравились принцу французские актрисы, балетная танцовщица и шампанское с белою печатью» (с. 415). Неделя Вронского с принцем имеет вид некого праздника, где «русских дух» перерядился во французские одежды (актрисы, шампанское). «Ряжение», как и указание на время («середина зимы»), намекает на зимний карнавал: Вронский устраивает принцу своего рода святки-масленицу. Особенно «карнавальным» выглядит сам принц в описании Толстого: «несмотря на излишества, которым он предавался в удовольствиях, он был свеж, *как большой зеленый глянцевитый голландский огурец*» (с. 415).

Общество принца начинает тяготить Вронского. Он видит в принце как бы себя в кривом зеркале:

> Главная же причина, почему принц был особенно тяжел Вронскому, была та, что он невольно видел в нем себя самого. И *то, что он видел в этом зеркале*, не льстило его самолюбию. Это был *очень глупый, и очень самоуверенный, и очень здоровый, и очень чистоплотный человек*, и больше ничего. [...] «Глупая говядина! Неужели я такой?» — думал он. [...] когда он простился с ним на седьмой день, [...] он был счастлив, что избавился от этого неловкого положения и *неприятного зеркала* (ч. 4, гл. 1, т. 8: 416).

Карнавальный мотив усиливается образом кривого зеркала, и комический тон, который был задан сравнением «большой огурец», усиливается четырехкратным повторением слова «очень»: «очень глупый, очень самоуверенный, очень здоровый, очень чистоплотный». Хотя *зеркало* тут символическое, оно уже вводит тематику предсказания будущего. Как известно, в святочных ритуалах зеркало играло важную роль: в нем девушки видели свое будущее, своего *суженого*. Возмущение Вронского связано именно с таким толкованием своего «зеркала»: Разве я такой? Это ли мое будущее?

«Медвежья охота», которой увлекается принц со своей свитой, выглядит таким же ряженьем, как и все остальные удовольствия:

> Он [Вронский] простился с ним на станции, возвращаясь с медвежьей охоты, *где всю ночь у них было представление русского молодечества* (с. 416).

Но «охотничьи картинки» не оставляют Вронского после прощания с принцем. Возвращаясь домой, он находит записку от Анны, которая просит его приехать вечером («Алексей Александрович едет на совет и пробудет до десяти»). Но перед тем как уехать к Анне, Вронский ложится на диван.

> ...и в пять минут воспоминания безобразных сцен, виденных им в последние дни, перепутались и связались с представлением об Анне и мужике-обкладчике, который играл важную роль на медвежьей охоте; и Вронский заснул. Он проснулся в темноте, дрожа от страха, и поспешно зажег свечу. «Что такое? Что? Что такое страшное я видел во сне? Да, да. *Мужик*-обкладчик, кажется, *маленький, грязный, со взъерошенною бородой*, что-то делал *нагнувшись* и вдруг *заговорил по-французски* какие-то странные слова. Да, больше ничего не было во сне, — сказал он себе. — Но отчего же это было так ужасно?» Он живо вспомнил опять мужика и те непонятные французские слова, которые произносил этот мужик, и ужас пробежал холодом по его спине.
>
> «Что за вздор!» — подумал Вронский и взглянул на часы (ч. 4, гл. 2, т. 8: 417).

Безобразие (по всей видимости, не без разврата), которому отдавалась компания принца, связывается в уме Вронского с Анной и с *обкладчиком* на медвежьей охоте. Именно роль обкладчика — а не какая-нибудь другая в охотничьей «игре» — может читаться как параллель роли Вронского в жизни Анны: он обходит «свою медведицу», обкладывает ее со всех сторон, но ему не удастся «убить» ее.

Но отождествление мужика из сна с медвежьим обкладчиком — это толкование *Вронского*.

Однако черты его мужика совпадают с обликом мужика во сне Анны («маленький, грязный, со взъерошенною бородой, что-то делал, нагнувшись, вдруг заговорил по-французски странные слова»). Вронский и Анна видят одно и то же, хотя сон Вронского более фрагментарный, он как бы *отражение* сновидения Анны. Но похожесть этих снов говорит о том, что тут затронуты какие-то глубинные пласты психики, может быть, какие-то археобразы.

Вронский, как человек современный, не придает никакого значения сну, несмотря на его кошмарный характер. Но, приезжая к Анне, он опять сталкивается со своим «вздором» — со сном Анны. При этом у Анны уже было и готовое его толкование:

> [Анна] — Я умру, и очень рада, что умру и избавлю себя и вас.
>
> [Вронский] — Что за вздор! Что за бессмысленный вздор ты говоришь!
>
> [А.] — Нет, это правда.
>
> [В.] — Что, что правда?
>
> [А.] — Что я умру. Я видела сон.
>
> [В.] — Сон? — повторил Вронский и мгновенно вспомнил своего мужика во сне (ч. 4, гл. 3, т. 8: 423).

Троекратно повторенное *умру* в толковании Анны перекликается с троекратно повторенным словом *родами* в том объяснении сна, которое дается в нем самом. Анна говорит, что она «давно уж видела этот сон». В конце романа, когда Анна видит свой кошмар в последний раз (ч. 7, гл. 26), мы узнаем, что он «повторялся ей еще до связи с Вронским» (т. 9: 370). Сон, таким образом, выступает как *лейтмотив* ее подсознательной жизни, связывается с ее жизненным путем, с ее судьбой. Мы узнаем о сне со слов самой Анны, т. е. на *ее* языке:

> Я видела, что я вбежала в свою спальню, что мне нужно там взять что-то, узнать что-то; ты знаешь, как это бывает во сне, — говорила она, с ужасом широко открывая глаза, — и в спальне, в углу, стоит что-то. [...] И это что-то повернулось, и я вижу, что это мужик с взъерошенною бородой, маленький и страшный. Я хотела бежать, но он нагнулся над мешком и руками что-то копошится там... [...] Он копошится и приговаривает по-французски, скоро-скоро и, знаешь, грассирует: «Il faut le battre le fer, le broyer, le pétrir...» И я от страха захотела проснуться, проснулась... но я проснулась во сне. И стала спрашивать себя, что это значит. И Корней мне говорит: «Родами, родами умрете, родами матушка...» И я проснулась... (ч. 4, гл. 3, т. 8: 423—424).

Кошмар Анны повторяет сон Вронского, но с большими подробностями. Персонаж обоих сновидений — мужик, но у Анны он находится в определенном пространстве, в ее *спальне*. Спальня вызывает ассоциации с интимной, «ночной» жизнью Анны. На сексуальную жизнь намекает и действие Анны: она вбегает в спальню, чтобы *взять* что-то, *узнать* что-то (как Ева взяла плод с древа райского и узнала, что она нагая). Но там Анна встречает страшное существо «со взъерошенною бородой». Это существо — мужик — нагибается над мешком и копошится в нем руками. Это не дает Анне покинуть спальню, как будто бы мешок — часть ее самой! Мужик к тому же сопровождает свою возню какими-то словами по-французски.

И эти слова оказываются вполне осмысленными: «Надо ковать железо, толочь его, месить его». Что это значит? Как видим, Анна сама уже имеет свое толкование: «я умру». В описании сна дается еще одно объяснение: «простой человек из народа», Корней, объясняет Анне: «родами умрете», — то есть предсказывает не просто смерть, а смерть в связи с деторождением.

Но какую роль играет сон в композиции всего романа? Какое «окно в душу» Анны он открывает, что он объясняет в ее сложной внутренней жизни? Повторение сна в конце романа с новыми деталями делает его важнейшим компонентом всей композиционной конструкции романа. Так как сон собирает в клубок разные мотивные ниточки, проходящие через текст, он обладает огромной интегрирующей силой. Благодаря появлению элементов этих разных мотивов во сне события реальной жизни героев осмысляются по-новому, один смысл налагается на другой, и получается некая калейдоскопическая картина. Попробую ее разъяснить.

Мешок

> В темноту брошены два снопа света,
> из окна наклоняется истопник в шубе и,
> протягивая руку, кричит — «туда»
> и бросает на песок сумку.
>
> *Велимир Хлебников*

В течение всего романа Анну в путешествиях сопровождает *дорожный мешок*. Он появляется в первый раз, когда Анна укладывает свои вещи в доме Облонских, чтобы вернуться в Петербург. Она помирила свою невестку Долли с провинившимся мужем и считает свою миссию выполненной. Но настоящая причина ее поспешного отъезда из Москвы — это волнение после встречи с Вронским, особенно после рокового бала. Долли видит знаки беспокойства у Анны:

> — Какая ты нынче странная! — сказала ей Долли.
>
> — Я? Ты находишь? Я не странная, но я дурная. Это бывает со мной. Мне все хочется плакать. Это очень глупо, но это проходит, — сказала быстро Анна и нагнула покрасневшее лицо к игрушечному мешочку, в который она укладывала ночной чепчик и батистовые платки. Глаза ее особенно блестели и беспрестанно подергивались слезами (ч. 1, гл. 28, т. 8: 118).

Анна говорит о себе как о *дурной*. Она *нагибается* над дорожным мешком, будто бы прячет в нем свой стыд (выражавшийся в покрасневшем лице). В мешок она укладывает свои *интимные*, *ночные* вещи (ночной чепчик и батистовые платки). Мешок, таким образом, связывается с ночной жизнью Анны и с возникшим чувством к Вронскому (покраснение, блестящие глаза), — чувством, в котором смешивается радость со стыдом. Радость Анны выражается и в некой игривости. Анна признает, что в ее душе есть что-то спрятанное («У каждого есть в душе свои skeletons»), но тайна вызывает у нее «хитрую, смешливую улыбку». И мешок, в который Анна засовывает свое «тайное», — пока «игрушечный», не мешок даже, а «мешочек», т. е. нечто вполне домашнее, управляемое. То, что Анна покраснела, подчеркивается в течение всей сцены. Анна признается Долли, какова причина ее поспешного отъезда:

> И, к удивлению своему, Долли увидала, что *Анна покраснела до ушей*, до вьющихся черных колец волос на шее (с. 119).

Анна старается приуменьшить случившееся, но краска на лице выдает ее:

> Ты не можешь себе представить, как это смешно вышло. Я только думала сватать, и вдруг совсем другое. Может быть, я против воли...
>
> *Она покраснела* и остановилась (с. 119).

Лицо Анны покрывается краской и в третий раз. Долли говорит, что было бы лучше для Кити, если не будет брака с Вронским, «если он мог влюбиться в тебя в один день» (с. 120). Анна отмахивается, но краснеет еще сильнее:

— Ах, боже мой, это было бы так глупо! — сказала Анна, и *густая краска* удовольствия выступила на ее лице, когда она услыхала занимавшую ее мысль, выговоренную словами (с. 120).

Долли раскрыла тайну Анны, ту тайну, которой она радуется, но которой она и стыдится.

Сложное сочетание стыда и радости, выражаемое в румянце на лице, бросает отсвет на дорожный мешок Анны. Когда он появляется в следующий раз, то назван *красным* (и таким он остается в романе). Тогда Анна уже в поезде и едет в Петербург:

Анна с удовольствием и отчетливостью устроилась в дорогу; своими маленькими ловкими руками она отперла и заперла *красный мешочек*, достала подушечку, положила на колени и, аккуратно закутав ноги, спокойно уселась. [...] попросила Аннушку достать фонарик, прицепила его к ручке кресла и взяла из своей сумочки разрезной ножик и английский роман (ч. 1, гл. 29, т. 8: 121).

Подушечка входит в одно семантическое поле с *ночным чепчиком* и *батистовыми платками* (постель, белье), но из мешочка / сумочки Анна берет еще два предмета, чреватых богатыми ассоциациями. Разрезной ножик ей нужен, чтобы *открыть* свой английский роман. Английский роман, в свою очередь, предвосхищает ее будущий роман с Вронским, а ножик входит в тот круг металлических объектов, который можно связать с новой жизнью Анны в имении Воздвиженское. Итак, мешок не только содержит символы «постельной» жизни, но в нем лежит и «английская книга», символ *будущей* жизни Анны.

Перед тем как толковать появление мешка во сне Анны, посмотрим, в каком другом важном контексте фигурирует ее *дорожный мешок*. В последний свой день Анна выезжает два раза из московского дома, который уже вызывает у нее «отвращение и злобу» и давит ее «какою-то тяжестью». Первое ее бегство — к Облонским. Не найдя там никакого утешения, Анна возвращается домой и решает поехать на станцию железной дороги.

Она велела заложить других лошадей и *занялась укладкой в дорожную сумку* необходимых на несколько дней вещей. Она знала, что не вернется более сюда (ч. 7, гл. 29, т. 9: 381).

Приехав на вокзал, она автоматически отвечает на вопрос прислуги, куда ехать:

— Прикажете до Обираловки? — сказал Петр[1].

Она совсем забыла, куда и зачем она ехала, и только с большим усилием могла понять вопрос.

— Да, — сказала она ему, подавая кошелек с деньгами, и, *взяв в руку маленький красный мешочек*, вышла из коляски (ч. 7, гл. 30, т. 9: 384).

Когда Анна входит в купе вагона, мешок при ней. Она кладет его на диван возле себя, и эта вещь, которая сопровождала ее в течение всей ее «дороги», вдруг описывается, как *живое существо*:

Она поднялась на высокую ступеньку и села одна в купе на пружинный испачканный, когда-то белый диван. *Мешок, вздрогнув на пружинах, улегся* (ч. 7, гл. 31, т. 9: 385).

«Грязь, уродливость и безобразие», которые видит Анна вокруг себя в этом последнем пути, конкретизируются в *испачканном диване*. И мешок, близкая Анне вещь, как будто часть ее самой, реагирует на окружение, как живое существо — «вздрогнув..., улегся»[2].

В сцене самоубийства Анны мешок прямо связывает ее с *жизнью*. Анна смогла упасть на рельсы только после того, как она освободилась от мешка. Мешок дает ей время опомниться, отказаться от рокового решения, остаться живой.

Она хотела упасть под поравнявшийся с ней серединою первый вагон. Но *красный мешочек, который она стала снимать с руки, за-*

---

[1] Само имя станции, *Обираловка*, приобретает в романе неожиданную коннотацию со смертью. В сцене кончины брата Левина, Николая, его сожительница Марья Николаевна видит знак приближающейся смерти в том, что больной начинает *обирать себя*:

— Нынче кончится, посмотрите, — сказала Марья Николаевна, хотя и шепотом [...].

— Отчего вы так думаете? — спросил Левин ее, когда она вышла за ним в коридор. — Стал обирать себя, — сказала Марья Николаевна. — Как обирать? — Вот так, — сказала она, обдергивая складки своего шерстяного платья. Действительно, он заметил, что во весь этот день больной хватал на себе и как будто хотел сдергивать что-то.

Предсказание Марьи Николаевны было верно (ч. 5, гл. 20, т. 9: 85).

[2] Глагол *вздрогнуть* — не только анимирующая метафора. Он входит в своего рода канон описания предсмертного состояния у Толстого, каким мы его находим в рассказе *Три смерти*: «Топор низом звучал глуше и глуше, сочные белые щепки летели на росистую траву, и легкий треск послышался из-за ударов. Дерево *вздрогнуло всем телом*, погнулось и быстро выпрямилось, испуганно колебаясь на своем корне. [...] и ломая сучья и спустив ветви, оно рухнулось макушей на сырую землю» (Толстой 1961, т. 3: 75).

> *держал ее*, и было уже поздно: середина миновала ее. [...] Но она не спускала глаз с колес подходящего второго вагона. И ровно в ту минуту, как середина между колесами поравнялась с нею, *она откинула красный мешочек*, и вжав в плечи голову, упала под вагон на руки и легким движением, как бы готовясь тотчас же встать, опустилась на колена (ч. 7, гл. 31, т. 9: 388—389).

Решительным жестом Анна откидывает мешок, выбрасывает свою жизнь, как ненужную вещь[3].

Теперь, после выявления всех связанных с мешком ситуаций в «реальном» плане повествования, попробуем приблизиться к загадке мешка в кошмаре Анны. Разумеется, эта вещь во сне сохраняет смыслы, приобретенные ею «в яви», но трансформирует их и по-своему «очищает» от «бытового сора» (ср. фрейдовский тезис о том, что сон пользуется «дневными остатками» бытовой жизни человека как своим материалом). Главный смысл мешка, каким он выкристаллизовывается в романе, таков: он — самое «нутро» Анны, некое ее внутреннее пространство, где хранится ее радость и стыд — роман с Вронским («английская книга») со всеми чувственными («ночными») переживаниями. Но во сне мешок находится в руках другого существа, чужого мужика, который копошится в нем.

Мужик

> Отколь ни возьмись мужик идет...
> А мешок-то у него за плечьми.
>
> *Сказка о медведихе* Пушкина

Как и мотив мешка, мотив мужика из сна имеет свои разветвления в «реальности» романа, хотя этот мотив и не вплетается непосредственно в романное действо. Мужик появляется почти всегда на железной дороге. Когда в начале романа поезд Анны прибыл на москов-

[3] В своей статье *О художественном реализме* Роман Якобсон приводит дорожный мешок Анны как пример того метонимического принципа, который он считает отличительным знаком реалистического повествования. Он считает мешок «несущественным признаком» (сравнимым с перчатками, шляпой и др.), и в том, что Толстой, «рисуя самоубийство Анны, главным образом пишет о ее сумочке», Якобсон видит реализм Толстого (Якобсон 1987: 391). Это, конечно, так, но одновременно сумочка-мешок вырастает до символа благодаря ее присутствию на всем пути Анны и появлению в ключевых моментах ее жизни.

скую станцию, среди первых пассажиров мы встречаем и «мужика с мешком через плечо»:

> Молодцеватый кондуктор, на ходу давая свисток, соскочил, и вслед за ним стали по одному сходить нетерпеливые пассажиры: гвардейский офицер, держась прямо и строго оглядываясь; вертлявый купчик с сумкой, весело улыбаясь; мужик с мешком через плечо (ч. 1, гл. 17, т. 8: 76).

Первые две фигуры этой тройки напоминают Вронского («гвардейский офицер... держась прямо») и Облонского («вертлявый... весело улыбаясь») — будто бы тут мы встречаемся с их «двойниками-тенями». А «мужик с мешком» — некая знаковая фигура всего будущего Анны, и мы встречаем его снова на железной дороге, когда Анна едет обратно в Петербург.

В поезде в Петербург Анна задыхается от жары в вагоне (своего рода метафора ее рождающейся страсти). Она впадает в забытье, в некое полусознательное состояние, в котором реальность преобразуется и начинает походить на сон.

> Ей страшно было отдаваться этому забытью. Но что-то втягивало в него, и она по произволу могла отдаваться ему и воздерживаться. Она поднялась, чтоб опомниться, откинула плед и сняла пелерину теплого платья. На минуту она опомнилась и поняла, что вошедший *худой мужик в длинном нанковом пальто, на котором недоставало пуговицы, был истопник*, что *он смотрел на термометр*, что ветер и снег ворвались за ним в дверь; но потом опять все смешалось... Мужик этот с длинною талией принялся грызть что-то в стене, старушка стала протягивать ноги во всю длину вагона и наполнила его черным облаком; потом что-то страшно заскрипело и застучало, как будто раздирали кого-то; потом красный огонь ослепил глаза, и потом все закрылось стеной. Анна почувствовала, что она провалилась. Но все это было не страшно, а весело (ч. 1, гл. 29, т. 8: 122—123).

Мужик в пальто «не по форме» (недостающая пуговица)[4] — истопник (что отсылает нас к мотиву огня-жары, символизирующему страсть). В состоянии возбужденного полузабытья (как бы «в жару»)

---

[4] Эту деталь можно сравнить с «прорванной перчаткой» у горничной Анны в том же купе: «Аннушка уже дремала, держа красный мешок на коленах широкими руками в перчатках, из которых одна была прорвана» (ч. 1, гл. 29, т. 8: 121). Прорванная перчатка – скрытый сигнал той «ломки приличий» (конвенций), которая скоро произойдет в жизни Анны. Рука в прорванной перчатке к тому же держит *красный мешок* Анны.

Анна видит странное видение, которое ассоциативно связывается с несчастным случаем на железной дороге, произошедшем во время ее первой встречи с Вронским («черное облако», «что-то страшно заскрипело и застучало, как будто раздирали кого-то», «потом красный огонь ослепил глаза, и потом все закрылось стеной»)[5].

Эвфемизм «протягивать ноги» не только предсказывает смерть, но и перекликается со словами Анны в эпизоде ее болезни после рождения дочери: *в жару*, Анна мирит Каренина с Вронским и с облегчением говорит: «Слава богу, слава богу, [...] теперь все готово. Только немножко *вытянуть ноги*. Вот так, вот прекрасно» (ч. 4, гл. 17, т. 8: 484).

Несмотря на страшное видение в вагоне, Анне «было весело». Такими же веселыми ей кажутся бушующая метель и сильный ветер, которые сразу охватывают ее, когда она выходит из поезда. Даже люди, бегающие по платформе, «весело переговариваются». И вдруг, именно перед встречей с Вронским, Анна становится свидетельницей сцены, которая имеет значение для ее сна:

> *Согнутая тень человека* проскользнула под ее ногами, и *послышались звуки молотка по железу* (ч. 1, гл. 30, т. 8: 124).

Объяснение в любви Вронского, таким образом, предваряется *стуком молотка по железу*. Действие повторяется во сне в словах мужика: «Il faut le battre le fer» («надо ковать железо»). Но и «согнутость» переносится в сон: «он *нагнулся* над мешком».

Кажется, что мужик во сне олицетворяет ту силу, которая соединяет Анну с Вронским. Важный ключ к пониманию роли мужика — те загадочные слова, которые он произносит: «Il faut le battre le fer, le broyer, le pétrir» («надо ковать железо, толочь его, месить»). Первое действие вызывает в памяти образ кузнеца — образ, который в русской культуре связан с прорицательством («кование судьбы») и осо-

---

[5] Сразу после первой встречи Анны и Вронского произошел несчастный случай на станции: «[...] вдруг несколько человек с испуганными лицами пробежали мимо [...]. — Что?.. Что?.. Где?.. Бросился!.. задавило!.. — слышалось между проходившими. [...] Сторож, был ли он пьян, или слишком закутан от сильного мороза, не слыхал отодвигаемого задом поезда, и его раздавили. [...] — Вот смерть-то ужасная! — сказал какой-то господин, проходя мимо. —Говорят, на два куска. — Я думаю, напротив, самая легкая, мгновенная, — заметил другой. [...] — Что с тобой, Анна? — спросил он [Степан Аркадьич]. — Дурное предзнаменование, — сказала она» (ч. 1, гл. 18, т. 8: 80—81).

бенно с предсказанием свадьбы[6]. Связь с кузнецом этого персонажа из сна усиливается описанием его внешности — согбенная спина и взъерошенная борода вызывают в памяти «мужиков из подземелья, обрабатывающих металл», главный из которых, конечно, Гефест-Вулкан, повелитель огня и муж богини любви Афродиты-Венеры. «Взъерошенная борода» указывает еще и на природную, сексуальную силу мужика (вспоминается «взъерошенный медведь» во сне Татьяны в поэме *Евгений Онегин*). Но в самих словах мужика архетипически *мужское* занятие *соединяется с женским*. Глагол *pétrir* используется преимущественно в сочетании «pétrir la pâte» (месить тесто). Мотив *выпекания хлеба* очень значим в контексте романа. В славянском фольклоре превращение невесты в жену знаменуется преобразованием сырого теста в выпеченный каравай — в тот свадебный хлеб, который участвует в брачном обряде[7]. Но в народном поверье формирование плода в материнской утробе тоже может уподобляться выпеканию хлеба[8]. Отзвук этих представлений слышится не только в загадочных словах мужика-кузнеца, но и в других эпизодах романа. Итак, слова мужика во сне Анны о том, что железо надо «ковать» и «месить», сложным образом сочетаются с «брачной связью». Мужик не только *кует*, но и *творит* то «тесто» (железо), из которого «печется» союз Анны с Вронским. Даже глагол *broyer* (напр. «broyer les épices» — *толочь* специи) участвует в том действии *претворения*, которым занимается мужик.

Однако мужик во сне делает свое дело в «мешке», он там «копошится», т. е. вмешивается в интимное пространство Анны, орудует там. Мешок представляется своего рода горном, огненным горнилом, где встречается мужская ковка железа с женским выпеканием хлеба и где рождается нечто новое. Знаменательно, что сразу после рассказа Анны о сне она чувствует в своей утробе движение новой жизни:

> Но вдруг она остановилась. Выражение ее лица мгновенно изменилось. Ужас и волнение вдруг заменились выражением тихого, серьез-

---

[6] Интересно, что в фольклоре кузнец часто кует именно *свадьбу*, что связывает его появление во сне Анны еще сильнее с ее любовной жизнью. «Что ты куешь? — спрашивает богатырь — Кую судьбину: кому на ком жениться» (Афанасьев 1982: 366). Ср. также подблюдная песня, прорицающая свадьбу: «Куют кузнецы / Золотые венцы. / Диво ули ляду! / Кому спели, / Тому добро!» (Русская народная поэзия, 1984: 61).

[7] Как поется в обрядовой песне (цит. по: Лаврентьева 1990: 37—47): «Сделали диво: / Из дежки лепешки, / С муки паляницу, / Из девки молодицу».

[8] См., напр.: Славянская мифология, 1995: 311.

ного и блаженного внимания. Он [Вронский] не мог понять значения этой перемены. Она слышала в себе движение новой жизни (ч. 4, гл. 3, т. 8: 424).

Своей формой и функцией (место, где что-то растет и зреет) материнская утроба сопрягается с мешком во сне Анны. В этом мешке, в этой кошмарной контаминации горна и утробы, сконцентрирована, таким образом, метафора огня-страсти, проходящая через весь символический план романа. Мужик-кузнец орудует в этом лоне-мешке, *бесстрастно* кует-печет *железо* судьбы Анны. Именно его *власть* над ее жизнью и есть то, что вызывает ужас Анны.

Этот ужас бессилия перед чужой злой волей становится доминантой последнего варианта сна. Кошмару тогда предшествует тяжкая ссора с Вронским («И это была не ссора. Это было очевидное признание в совершенном охлаждении» (ч. 7, гл. 26, т. 9: 368)). Анне даже представляется, что только ее смерть может «восстановить в его сердце любовь к ней, наказать его и одержать победу в той борьбе, которую *поселившийся в ее сердце злой дух* вел с ним» (с. 369). Анна теперь находится под властью не только опиума, без которого уже не может спать, ее также преследует навязчивая идея охлаждения Вронского, его равнодушия к ней. Вся эта внутренняя мука дневной жизни отражается в мире ее сна:

Утром страшный кошмар [...] разбудил ее. Старичок с взлохмаченной бородой что-то делал, нагнувшись над железом, приговаривая бессмысленные французские слова, и она, как всегда при этом кошмаре (что и составляло его ужас), чувствовала, что мужичок этот не обращает на нее внимания, но делает это какое-то страшное дело в железе над нею. И она проснулась в холодном поту (ч. 7, гл. 26, т. 9: 370).

Описание мужика как «не обращающего на нее внимания» предвосхищает последнюю встречу Анны с Вронским. Между ними опять вспыхивает ссора:

— Да, кстати, — сказал он в то время, как она была уже в дверях, — завтра мы едем решительно? Не правда ли?

— Вы, но не я, — сказала она, оборачиваясь к нему.

— Анна, эдак невозможно жить...

— Вы, но не я, — повторила она.

— Это становится невыносимо!

— Вы... вы раскаетесь в этом, — сказала она и вышла.

Испуганный тем отчаянным выражением, с которым были сказаны эти слова, он вскочил и хотел бежать за нею, но, опомнившись, опять сел и, *крепко сжав зубы*, нахмурился. Эта неприличная, как он находил, угроза чего-то раздражила его. «Я пробовал все, — подумал он, — *остается одно — не обращать внимания*», и он стал собираться ехать в город и опять к матери (ч. 7, гл. 26, т. 9: 371—372).

Ссора между Вронским и Анной разыгрывается уже повторно. На день раньше (т. е. до сновидения Анны) произошло нечто подобное:

«Я ни в чем не виноват пред нею, — думал он. — Если она хочет себя наказывать, tant pis pour elle». Но, выходя, ему показалось, что она сказала что-то, и сердце его вдруг дрогнуло от состраданья к ней.

— Что, Анна? — спросил он.

— Я ничего, — отвечала она так же холодно и спокойно.

«А ничего, так tant pis», подумал он, опять похолодев, повернулся и пошел. Выходя, он в зеркало увидал ее лицо, бледное, с дрожащими губами. Он и хотел остановиться и сказать ей утешительное слово, но ноги вынесли его из комнаты, прежде чем он придумал, что сказать (ч. 7, гл. 25, т. 9: 368).

Потеря взаимопонимания, беспомощность перед маской холодного спокойствия Анны вызывает у Вронского ответную реакцию. Французское *tant pis* («тем хуже»), как и понимание того, что остается только «не обращать внимания», становятся спасительным выходом для Вронского из трудной ситуации. Но разыгранное спокойствие обернется роковыми последствиями.

Видя свой сон в последний раз, Анна уже не сомневалась в смысле действий мужика: он творит *над нею*, т. е. кует и месит *железо ее судьбы*. Но главное, свое страшное дело он вершит, не обращая на нее никакого внимания. Анна находится под властью некой *злой воли*, которая одновременно и чужая для нее, и выступает частью ее самой.

В своем последнем пути Анна смотрит в окно поезда и вдруг видит «своего мужика», безобразность которого теперь подчеркивается:

Испачканный уродливый *мужик* в фуражке, из-под которой торчали *спутанные волосы*, прошел мимо этого окна, *нагибаясь к колесам* вагона. «Что-то знакомое в этом безобразном мужике», подумала Анна. И, вспомнив свой сон, она, дрожа от страха, отошла к противоположной двери (ч. 7, гл. 31, т. 9: 385).

«Испачканный» мужик перекликается с «испачканным» диваном в поезде. И как ее дорожный мешок *вздрогнул* на пружинах этого дивана, так же и Анна *вздрагивает* при виде «своего мужика».

Освобождение от жизни («избавлюсь от всех и от себя») возможно для Анны только тогда, когда она «откинула красный мешочек», который сопровождал ее по романном пути. И в час смерти Анне является еще раз — последний — мужик-кузнец:

> «Господи, прости мне все!» — проговорила она, чувствуя невозможность борьбы. *Мужичок, приговаривая что-то, работал над железом.* И свеча, при которой она читала исполненную тревог, обманов, горя и зла книгу, вспыхнула более ярким, чем когда-нибудь, светом, осветила ей все то, что прежде было во мраке, затрещала, стала меркнуть и навсегда потухла (ч. 7, гл. 31, т. 9: 389).

И тут Толстому уже не важно, является ли мужик наяву или только в воображении Анны. Смерть уравняла сон с явью.

ЖИТЬ «ПО-АНГЛИЙСКИ»

Я, воспевающий машину и Англию!
Владимир Маяковский

Английская «тема» — как музыкальная или цветовая — проходит через весь роман. Она «сгущается» вокруг некоторых персонажей и обстоятельств их жизни, что выражается в описании вещного мира и в использовании английских слов и выражений. Все *английское* участвует в создании определенной ассоциативной ауры, которая по ходу романа принимает все более четкие контуры. Какие смысловые конфигурации образуются вокруг «английского», какую функцию выполняет это языковое «многоголосие»?

Первые «звуки» этой темы мы слышим в самом начале романа. Провинившийся Облонский спокойно завтракает и в это время слышит за дверьми шум и голоса своих детей:

> — Я говорила, что на крышу нельзя сажать пассажиров, — *кричала по-английски девочка*, — вот подбирай! «Все смешалось», — подумал Степан Аркадьич [...] и кликнул их. Они бросили шкатулку, представлявшую поезд, и вошли к отцу (ч. 1, гл. 3, т. 8: 15).

Таня с Гришей играют «в железную дорогу» с игрушками, и их детская игра происходит по-английски. Но когда мальчик Гриша сделал что-то недозволенное, «на железной дороге» произошла катастрофа. *Игра* «по-английски» связывается с железной дорогой и таким образом участвует в создании роковой атмосферы вокруг этого топоса.

Первые английские *слова* в романе произносятся Вронским, жизнь которого с разных сторон пропитана «английским» духом. Оказывается, у Вронского есть одно часто повторяющееся выражение, которое мы слышим в первый раз на железнодорожной станции в Москве, где происходит встреча с Анной. На станции Вронский видит Облонского, приехавшего встречать свою сестру, и у них завязывается разговор:

— А ты кого встречаешь? — спросил он.

— Я? я хорошенькую женщину, — сказал Облонский.

— Вот как!

— Honni soit qui mal y pense! Сестру Анну.

— Ах, это Каренину? — сказал Вронский.

— Ты ее, верно, знаешь?

— Кажется, знаю. Или нет... Право, не помню, — рассеянно отвечал Вронский, смутно представляя себе при имени Карениной что-то чопорное и скучное.

— Но Алексея Александровича, моего знаменитого зятя, верно, знаешь. Его весь мир знает.

— То есть знаю по репутации и по виду. Знаю, что он умный, ученый, божественный что-то... Но ты знаешь, это не в моей... *not in my line*, — сказал Вронский (ч. 1, гл. 17, т. 8: 73—74).

Английскими словами Вронский выражает то чувство отчуждения, которое вызывает у него имя Каренина. Он и Каренин *разного рода* люди. Позже мы узнаем, что «not in my line» — одно из «любимых выражений» Вронского (ч. 6, гл. 31), дополняющих его облик, как жест или черта лица.

Вслед за Вронским по ходу романа и Анна обнаруживает склонность к английским словечкам. В доме Облонских ей удалось помирить жену с провинившимся мужем, ее задача выполнена, и она собирается обратно в Петербург. Она укладывает свои вещи в дорогу, когда в комнату входит Долли и начинает благодарить ее за сделанное «доброе дело». Анне становится не по себе, так как где-то в глубине души она понимает, что своим присутствием на бале в Москве она отвлекла Вронского от Кити, которая ждала его предложения.

Анна посмотрела на нее мокрыми от слез глазами.

— Не говори этого, Долли. Я ничего не сделала и не могла сделать. Я часто удивляюсь, зачем люди сговорились портить меня. Что я сделала и что могла сделать? У тебя в сердце нашлось столько любви, чтобы простить...

— Без тебя бог знает что бы было! Какая ты счастливая, Анна! — сказала Долли. — У тебя все в душе ясно и хорошо.

— У каждого есть в душе свои skeletons, как говорят англичане.

— Какие же у тебя skeletons? У тебя все так ясно.

— Есть! — вдруг сказала Анна, и неожиданно после слез хитрая, смешливая улыбка сморщила ее губы.

— Ну, так они смешные, твои skeletons, а не мрачные, — улыбаясь, сказала Долли.

— Нет, мрачные (ч. 1, гл. 28, т. 8: 118—119).

4 — 3806

Та «семейная тайна» (ср. выражение «skeletons in the cupboard», т. е. нечто *постыдное*, личное, что надо спрятать от света), которую Анна носит в своей душе и которую она облекает в «чужие слова», связана с ее зарождающимся чувством к Вронскому. Сразу после признания о «скелетах» Анна рассказывает Долли о том, что случилось на балу. Она старается приуменьшить значение того, что произошло, — все это «несерьезно»:

> — Ты не можешь себе представить, как это смешно вышло. Я только думала сватать, и вдруг совсем другое. Может быть, я против воли...
>
> Она покраснела и остановилась (ч. 1, гл. 28, т. 8: 119).

Анна чувствует, что то «смешное», что произошло на балу, сильно волнует ее. Ее душа до того потрясена, что она решила покинуть Москву раньше, чем намеревалась («она не только сомневалась в себе, она чувствовала волнение при мысли о Вронском и уезжала скорее, чем хотела, только для того, чтобы больше не встречаться с ним» (ч. 1, гл. 28, т. 8: 119)).

Но от присутствия Вронского она не может освободиться. В поезде его образ вновь всплывает из того *английского романа,* который Анна вынимает из дорожного мешка и начинает читать:

> Анна Аркадьевна читала и понимала, что ей неприятно было читать, то есть следить за отражением жизни других людей. Ей слишком самой хотелось жить. Читала ли она, как героиня романа ухаживала за больным, ей хотелось ходить неслышными шагами по комнате больного; читала ли она о том, как член парламента говорил речь, ей хотелось говорить эту речь; читала ли она о том, как леди Мери ехала верхом за стаей и дразнила невестку и удивляла всех своею смелостью, ей хотелось это делать самой. [...] Герой романа уже начал достигать своего английского счастья, баронетства и имения, и Анна желала с ним вместе ехать в это имение, как вдруг *она почувствовала, что ему должно быть стыдно и что ей стыдно этого самого*. Но чего же ему стыдно? «Чего же мне стыдно?» — спросила она себя с оскорбленным удивлением. [...] Она перебрала все свои московские воспоминания. Все были хорошие, приятные. Вспомнила бал, вспомнила Вронского и его влюбленное покорное лицо, вспомнила все свои отношения с ним: ничего не было стыдного. А вместе с тем на этом самом месте воспоминаний чувство стыда усиливалось, как будто какой-то внутренний голос именно тут, когда она вспомнила о Вронском, говорил ей: «Тепло, очень тепло, горячо» (ч. 1, гл. 29, т. 8: 121—122).

Вронский смешивается в мыслях Анны с *английским героем* ее романа, и опять у нее возникает чувство стыда. Ее отношение к Вронскому описывается в форме старой *детской игры*: что-то прячут, и когда ищущий приближается к спрятанной вещи, ему говорят «тепло, очень тепло, горячо». Так же Анна в душе приближается к тому *огню*, который скоро овладеет ею полностью, но который уже начинает выражаться физически: «Она поднялась, чтоб опомниться, откинула плед и сняла пелерину теплого платья» (с. 123). Чтобы освежиться, Анна, когда остановился поезд, решает выйти на станцию, но тут же попадает «из огня в полымя». В снежной буре на платформе она встречает Вронского, который объясняется ей в любви («я еду для того, чтобы быть там, где вы, я не могу иначе»). Английский роман начался.

Петербургская жизнь Вронского окрашена в «английские» тона. Он много времени проводит со своими полковыми приятелями в *Английском клубе*, месте страстных игр, которые происходят в так называемой «инфернальной» (лучший приятель Вронского, богатырски сложенный Яшвин, считается «первым игроком» в клубе; (ч. 2, гл. 19)). Такое физическое здоровье характеризует и Вронского — неоднократно подчеркиваются его «сплошные зубы», которыми он ест «свой *бифстек*». Английское видим и в другом, не менее важном хронотопе линии Вронский–Анна — на скачках. Смелость и энергия, выражаемые в английском слове *pluck*, свойственны Вронскому-наезднику:

> — С препятствиями все дело в езде и в pluck, — сказал англичанин.
>
> Pluck, то есть энергии и смелости, Вронский не только чувствовал в себе достаточно, но, что гораздо важнее, он был твердо убежден, что ни у кого в мире не могло быть этого pluck больше, чем у него (ч. 2, гл. 21, т. 8: 214).

Увлечение Вронского лошадьми предстает перед читателем в английских декорациях: конюх его — «грум» (groom), тренером у него — «сухой англичанин» Корд «с развинченной походкой» жокея и с постоянным ответом «All right! All right!». Скачки, главное занятие Вронского, имеют такой же облик «игры с высокими ставками», как и игра в «инфернальной» Английского клуба. И вполне закономерно, что на роковые скачки Анна едет в *английском* экипаже Бетси Тверской, кузины Вронского:

— Однако пора уже, — сказала она [Анна], взглянув на свои часы, — что это Бетси не едет!.. [...]

— О да! — отвечал Алексей Александрович. — Вот и краса Петергофа, княгиня Тверская, — прибавил он, взглянув в окно на подъезжавший *английский, в шорах, экипаж* с чрезвычайно высоко поставленным крошечным кузовом коляски. — Какое щегольство! Прелесть! (ч. 2, гл. 27, т. 8: 243—244).

Любовная игра Вронского и Анны развивается на фоне салона Бетси. Это самое «английское» место в петербургской жизни Вронского. Однако у салона Бетси в романе есть «двойник» — английский кружок Лидии Ивановны, куда вхож муж Анны, Алексей Каренин. Итак, оба Алексея (Каренин и Вронский) вращаются в «английской среде», хотя и совершенно разного рода. В кружке, собирающемся вокруг графини Лидии Ивановны, царит модная набожность с английским оттенком. Анна, которая раньше бывала в этом кружке, после встречи с Вронским вдруг видит ханжество и фальшь этого кружка.

Теперь же, по возвращении из Москвы, кружок этот ей стал невыносим. Ей показалось, что и она и *все они притворяются*, и ей стало так скучно и неловко в этом обществе (ч. 2, гл. 4, т. 8, с. 152).

У Лидии Ивановной гостят английские проповедники:

— Я была у графини Лидии и хотела раньше приехать, но засиделась. У ней был сэр Джон. Очень интересный.

— Ах, это миссионер этот? [...]

— Сэр Джон! Да, сэр Джон. Я его видела. Он хорошо говорит (ч. 2, гл. 7, т. 8: 163—164).

Графиня Лидия руководствуется тем христианским учением, которое излагается в модных английских брошюрах. Толстой позже иронически описывает это учение через восприятие Облонского:

— Vous comprenez l'anglais? — спросила Лидия Ивановна и, получив утвердительный ответ, встала и начала перебирать на полочке книги.

— Я хочу прочесть «Safe and Happy», или «Under the Wing»? — сказала она, вопросительно взглянув на Каренина. [...] Тут описан путь, которым приобретается вера, и то счастье превыше всего земного, которое при этом наполняет душу. Человек верующий не может быть несчастлив, потому что он не один. [...] Вот как действует вера настоящая. Вы знаете Санину Мари? Вы знаете ее несчастье?

> Она потеряла единственного ребенка. Она была в отчаянье. Ну, и что ж? Она нашла этого друга, и она благодарит Бога теперь за смерть своего ребенка. Вот счастье, которое дает вера! (ч. 7, гл. 21, т. 9: 351—352).

У Степана Аркадьича, для которого нет ничего более чуждого, чем кружок Лидии Ивановны, голова начинает кружиться от услышанных там странных мыслей:

> «Мари Санина радуется, что у нее умер ребенок... [...] Чтобы спастись, нужно только верить, и монахи не знают, как это надо делать, а знает Лидия Ивановна... И отчего у меня такая тяжесть в голове? От коньяку или оттого, что уж очень все это странно?» (ч. 7, гл. 22, т. 9: 352)[1].

И когда Облонский вскоре будет выгнан медиумом-шарлатаном, который гостит у Лидии Ивановны («Que la personne qui est arrivée la dernière, celle qui demande, qu'elle sorte!»), он долго не может прийти в себя («выбежал на улицу и долго разговаривал и шутил с извозчиком, желая привести себя поскорее в чувства» (с. 354)).

Когда Анна покидает кружок графини Лидии и тем самым бежит от царящего там притворства, она сразу попадает в другой салон — салон княгини Бетси, где ее опять встречает «английский» дух, хотя и совершенно иной. Модная религия (иностранные проповедники, спиритизм) там заменена модными отношениями между полами. Английский мир Вронских (и Алексея, и его кузины Бетси) вовлекает в себя Анну и начинает действовать на нее.

В доме Бетси царит та праздность и легкость общения, которые станут воздухом жизни для Анны во время ее влюбленности («она была не одна, вокруг была эта привычная торжественная обстановка праздности, и ей было легче, чем дома» (ч. 3, гл. 17, т. 8: 347)). Сама Бетси берет на себя роль «посредницы» в развивающемся романе Вронского с Анной. Английский образ жизни у Бетси пропитан английскими словечками:

---

[1] Спутанные мысли Степана Аркадьича перекликаются с мыслями его жены, после того как Анна открыла Дарье Александровне, что «детей больше не будет»:

> И вдруг ей пришла мысль: могло ли быть в каком-нибудь случае лучше для ее любимца Гриши, *если б он никогда не существовал*? И это ей показалось так дико, так странно, что она помотала головой, чтобы рассеять эту путаницу кружащихся сумасшедших мыслей (ч. 6, гл. 23, т. 9: 241).

— Расскажите нам что-нибудь забавное, но не злое, — сказала жена посланника, великая мастерица изящного разговора, называемого по-английски *small-talk*, обращаясь к дипломату, тоже не знавшему, что теперь начать. [...]

— Никогда не поздно раскаяться, — сказал дипломат *английскую пословицу*. — Вот именно, — подхватила Бетси, — надо ошибиться и поправиться. [...]

Но княгиня Бетси терпеть не могла этого тона его [Каренина], *sneering*, как она называла это (ч. 2. гл. 7, т. 8: 159, 164, 167).

Мы с вами успеем по душе поговорить за чаем, *we'll have a cosy chat*, не правда ли? — обратилась она к Анне с улыбкой, пожимая ее руку, державшую зонтик. [...] Действительно, за чаем, который им принесли на столике-подносе в прохладную маленькую гостиную, между двумя женщинами завязался *a cosy chat*, какой и обещала княгиня Тверская до приезда гостей (ч. 3, гл. 17, т. 8: 347—349).

Салонная болтовня соответствует игре в *крокет,* главной забаве гостей.

— Как я рада, что вы приехали, — сказала Бетси. —Я устала и только что хотела выпить чашку чая, пока они приедут. А вы бы пошли, — обратилась она к Тушкевичу, — с Машей попробовали бы *крокет-граунд там, где подстригли*. [...] Вошел Тушкевич, объявив, что все общество ждет игроков *в крокет* (ч. 3, гл. 17, т. 8: 347, 355).

Особенная черта салона Бетси — свободное поведение гостивших у нее женщин, их «эманципированность». Курение там — знак новой моды:

Подвинув чашку к Анне, она [Бетси] достала пахитоску и, вложив в серебряную ручку, закурила ее (ч. 3, гл. 17, т. 8: 350)[2].

У Бетси встречаются женщины «новой манеры», такие как Лиза Меркалова и Сафо Штольц («Они забросили чепцы за мельницы», по словам самой княгини):

[Бетси на вопрос Анны]

— Муж? Муж Лизы Меркаловой носит за ней пледы и всегда готов к услугам. А что там дальше в самом деле, никто не хочет знать.

---

[2] Позже, когда роман Анны с Вронским получил свое полное развитие, мы узнаем, что и она начала курить: — Мы с Иваном Петровичем поместились в кабинете Алексея, — сказала она, отвечая Степану Аркадьичу на его вопрос, можно ли курить, — именно затем, чтобы курить, — и, взглянув на Левина, вместо вопроса: курит ли он? *подвинула к себе черепаховый портсигар и вынула пахитоску* (ч. 7, гл. 10, т. 9: 306—307).

> Знаете, в хорошем обществе не говорят и не думают даже о некоторых подробностях туалета. Так и это (ч. 3, гл. 17, т. 8: 350).
>
> Послышались шаги и мужской голос, потом женский голос и смех, и вслед за тем вошли ожидаемые гости: Сафо Штольц и сияющий преизбитком здоровья молодой человек, так называемый Васька. Видно было, что ему впрок пошло питание кровяною говядиной, трюфлями и бургонским. Васька поклонился дамам и взглянул на них, но только на одну секунду. Он вошел за Сафо в гостиную и по гостиной прошел за ней, как будто был к ней привязан, и не спускал с нее блестящих глаз, как будто хотел съесть ее. [...] — Я ехала с Васькой... Ах, да, вы незнакомы. — И она, назвав его фамилию, представила молодого человека и, покраснев, звучно засмеялась своей ошибке, то есть тому, что она незнакомой назвала его Васькой (ч. 3, гл. 18, т. 8: 351, 352).

В общество Бетси Анна вначале входит как «ужасный ребенок» (слова Бетси), поскольку спрашивает и удивляется тем отношениям, которые она видит вокруг себя («— Да, но какие же ее отношения к Калужскому? [...] Я не понимаю тут роли мужа» (с. 350)), что вызывает смех Бетси. Но притягательность салона Бетси для Анны заключается не столько в его атмосфере, сколько в присутствии там кузена Бетси — графа Вронского. Гостиница Бетси становится «гроундом» игры Анны и Вронского.

В полной мере все семантические коннотации атрибута «английский» раскрываются в картине совместной жизни Анны и Вронского. Еще в Италии, где они сначала живут, Вронский в одном эпизоде берет на себя роль «англичанина» — он покупает у художника Михайлова картину, отложенную специально для некоего англичанина, пожелавшего купить именно это полотно:

> [...] и наконец Вронский перешел, не дожидаясь хозяина, к другой, небольшой картине. [...] Он [Михайлов] и забыл про эту, три года назад писанную, картину. [...] Он не любил даже смотреть на нее и выставил только потому, что *ждал англичанина, желавшего купить ее*. [...] Но Вронский спросил, не продается ли картина. [...] Да, надо не упустить и купить ее, — говорил Вронский. [...] Михайлов продал Вронскому свою картинку и согласился делать портрет Анны (ч. 5, гл. 12, 13, т. 9: 51—53).

Однако во всей драматической полноте английский образ жизни Вронского с Анной разворачивается после их возвращения в Россию. В имении Воздвиженское ведутся постройки «американскими приемами» (по словам гостившего там Свияжского) и вводятся новые машины в традиционное хозяйство. Претворяется в жизнь тот «английский роман», который читала в поезде Анна. Невестка Анны — Долли (параллель романной невестке леди Мери) — приезжает в Воздвиженское. Ее глазами мы и видим происходящее там:

> Все, что она видела, подъезжая к дому и проходя через него, и теперь в своей комнате, все производило в ней впечатление изобилия и щегольства и той новой европейской роскоши, про которые она читала *только в английских романах*, но никогда не видала еще в России и в деревне (ч. 6, гл. 19, т. 9: 214).

Долли выступает своего рода «точкой нравственного отсчета» для Толстого (который в этих главах чаще всего зовет ее «Дарьей Александровной»), и мы смотрим ее глазами не только на жизнь в имении, но и на там живущую англичанку-няню:

> Услыхав голос Анны, *нарядная, высокая, с неприятным лицом и нечистым выражением англичанка,* поспешно потряхивая белокурыми буклями, вошла в дверь и тотчас же начала оправдываться, хотя Анна ни в чем не обвиняла ее. На каждое слово Анны англичанка поспешно несколько раз приговаривала: «Yes, my lady». [...]
>
> Только тем, что в такую неправильную семью, как Аннина, не пошла бы хорошая, Дарья Александровна и объяснила себе то, что Анна, с своим знанием людей, могла взять к своей девочке такую *несимпатичную, нереспектабельную англичанку* (ч. 6, гл. 19, т. 9: 217).

Внешность англичанки-воспитательницы провоцирует мысли о ее некоем *моральном* изъяне, который Долли связывает с ненормальным укладом семейной жизни в Воздвиженском. Но так же малосимпатичны и другие англичанки-гувернантки в романе. Так, мисс Гуль в семье самой Долли отличается *отсутствием женских талантов,* она чуть не испортила платье маленькой Тани. Платье спасает старая русская няня, Матрена Филимоновна.

> Одно платье на Таню, которое взялась шить англичанка, испортило много крови Дарье Александровне. Англичанка, перешивая, сделала вытачки не на месте, слишком вынула рукава и совсем было испортила платье. Тане подхватило плечи так, что видеть было больно. Но Матрена Филимоновна догадалась вставить клинья и сделать пелеринку. Дело поправилось, но с англичанкой произошла было почти ссора (ч. 3, гл. 8, т. 8: 309).

Другая черта мисс Гуль — *чопорность,* особенно заметная «на природе». Долли с детворой приехали купаться, к купальне подходят крестьянки, «ходившие за сныткой и молочником». Между ними и Дарьей Александровной завязывается разговор о детях:

> Приятнее же всего Дарье Александровне было то, что она ясно видела, как все эти женщины любовались более всего тем, как много было у нее детей и как они хороши. Бабы и насмешили Дарью Александровну и обидели англичанку тем, что она была причиной этого непонятного для нее смеха. Одна из молодых баб приглядывалась к англичанке, одевавшейся после всех, и когда она надела на себя третью юбку, то не могла удержаться от замечания: «Ишь ты, крутила, крутила, все не накрутит!» — сказала она, и все разразились хохотом (ч. 3, гл. 8, т. 8: 312).

Три юбки у англичанки кажутся крестьянским бабам уж такой *чрезмерностью* (таким *пере*-одеванием), такой чопорностью, что можно только смеяться.

Другая англичанка в доме Облонских, miss Elliot, отличается тем, что не смотрит за Гришей и Машей и позволяет детям делать «что-то гадкое» в малине:

> — Они с Гришей ходили в малину и там... я не могу даже сказать, что она делала. Тысячу раз пожалеешь *miss Elliot*. Эта ни за чем не смотрит, *машина*... Figurez vous, que la petite...
>
> И Дарья Александровна рассказала преступление Маши.
>
> — Это ничего не доказывает, это совсем не гадкие наклонности, это просто шалость, — успокоивал ее Левин (ч. 6, гл. 15, т. 9: 197).

«Машина», — говорит Долли про эту англичанку, видя в ее поведении равнодушие и нечуткость. Внимательность заменена механистичностью.

Небрежностью, переходящей в развязность, отличается и «англизированный» петербургско-московский блестящий молодой человек Васенька Весловский, всегда появляющийся в «*шотландском колпачке с длинными концами лент назади*» и говорящим с «*отличным английским выговором*»[3]. Он как раз гостит в Воздвиженском, когда

---

[3] Шотландский колпачок — своего рода колпачок *шута*. Васенька отличается большой веселостью, он всех смешит своими прибаутками, но над ним тоже смеются. Особенно рассказ Долли о его выезде из Покровского вызывает смех: «И Долли [...] заставляла падать от смеха Вареньку, когда она в третий и четвертый раз, все с новыми юмористическими прибавлениями, рассказывала, как она, только что собралась надеть новые бантики для гостя и выходила уж в гостиную, вдруг услыхала грохот колымаги. И кто же в колымаге? — сам Васенька, с шотландскою шапочкой, и с романсами, и с крагами, сидит на сене» (ч. 6, гл. 15, т. 9:

туда приезжает Долли. Перед тем он был гостем у Левина, куда его привез Облонский. Но его пребывание в Покровском кончилось крахом. Левина сразу начал раздражать ажиотаж женщин вокруг нового гостя (особенно старая княгиня Щербацкая приветила «этого Васеньку с его лентами»), и свое раздражение Левин даже решил выражать *по-английски*[4]:

> — Да что вы такой *fuss* делаете? Подать, что обыкновенно (ч. 6, гл. 7, т. 9: 161).

Когда Левин и Облонский едут на охоту, к ним присоединяется Весловский, разумеется, «*с английским новеньким ружьем* без антапок и перевязи» (ч. 6, гл. 8, т. 9: 167). По дороге Весловский показывает, «как надо править по-английски *four in hand*» (с. 174), но его затея кончается почти катастрофой: он заезжает в болото, где вязнут лошади и весь экипаж. Хуже того, по небрежности Весловского ружье его выстрелило у самого уха Левина.

Но чаша терпения Левина будет переполнена, когда он увидит, как Васенька ухаживает за его женой в его собственном доме. И вскоре после эпизода с англичанкой, провинившейся невниманием к детям Облонских, Левин выгоняет со двора Весловского «на железную дорогу». «Английскому» Васеньке нет места в имении Левина, но зато он находит себе среду в имении Вронского, где его снова встречает Долли.

Подъезжая к имению в коляске «с заплатанными крыльями», Долли встречает элегантную компанию — «Вронский с жокеем, Весловский и Анна верхами и княжна Варвара с Свияжским в шарабане». Анна едет на английском коне, «на кобе»[5], который сильно похож на Вронского, — еще одна деталь, сгущающая «английскую» ауру вокруг Вронского.

---

201). Об «эстетической этимологии» фамилии Весловского см. (Топоров 1996: 46—52).

[4] У Левина вообще *дурной* английский язык: «он смешил мисс Гуль своим дурным английским языком» (ч. 3, гл. 8, т. 8: 314). Обычай родителей говорить со своими детьми на иностранном языке осуждается Левиным: «И для чего она говорит по-французски с детьми? — подумал он. — Как это неестественно и фальшиво! И дети чувствуют это. Выучить по-французски и отучить от искренности» (ч. 3, гл. 10, т. 8: 319). Чужой язык воспринимается Левиным как маска, за которой человек может скрыть свою личность.

[5] Cob, «sturdy, short-legged riding-horse» («плотно сложенный, коротконогий конь для верховой езды»).

Анна ехала спокойным шагом на *невысоком плотном* английском *кобе* со *стриженою гривой* и *коротким хвостом* (ч. 6, гл. 17, т. 9: 207).

Сравните описание Вронского:

Вронский был *невысокий, плотно сложенный* брюнет. [...] В его лице и фигуре, от *коротко обстриженных черных волос* и *свежевыбритого* подбородка до широкого с иголочки нового мундира, все было просто и вместе изящно (ч. 1, гл. 14, т. 8: 64—65).

Толстой дает нам понять, что в восприятии самой Анны ее коб ассоциируется с Вронским [6], во всяком случае, оба они — конь и любовник — совмещаются для нее в единый контекст:

— Не правда ли, хороша эта лошадь? Это коб. Моя любимая. Подведи сюда, и дайте сахару. Граф где? — спросила она у выскочивших двух парадных лакеев. — А, вот и он! — сказала она, увидев выходившего навстречу ей Вронского с Весловским (ч. 6, гл. 18, т. 9: 213).

Рядом с Анной находится молодой человек Васенька Весловский [7]. Тут он чувствует себя в своей тарелке, его манеры «нового молодого человека» воспринимаются в этой среде как должное. Сама Анна рассказывает Долли про него:

Потом Весловский... этого ты знаешь. Очень милый мальчик, — сказала она, и плутовская улыбка сморщила ее губы. [...] Il est très gentil et naïf, — сказала она опять с тою же улыбкой (ч. 6, гл. 19, т. 9: 218—219).

---

[6] Так же лошадь Фру-Фру была похожа на Анну. Толстой соединяет их через «огонь в глазах». Перед роковыми скачками Анна встречается с Вронским, и «*взгляд ее зажегся* знакомым ему *огнем*, она [...] взяла его за голову, [...] быстро поцеловала его рот и оба глаза» (ч. 2, гл. 23, т. 8: 225—226). А лошадь встречает его так: «Фру-фру продолжала дрожать как в лихорадке. *Полный огня глаз* ее косился на подходящего Вронского» (ч. 2, гл. 24, т. 8: 230).

[7] Знаменательно, что Весловского не зовут в романе иначе, чем фамильярным «Васенька». Тем он роднится с «Васькой», поклонником Сафо Штольц в салоне княгини Бетси. Они оба из тех «светских юношей, которых старый князь Щербацкий называл *тютьками*» (ч. 1, гл. 22, т. 8: 94; курсив Толстого. — *Б. Л.*). Князь Щербацкий относит Вронского к той же породе «новых людей»: «Этот франтик петербургский, *их на машине делают*, они все на одну стать, и все дрянь» (ч. 1, гл. 15, т. 8: 70). В шутку сказанное «на машине делают» приобретает более глубокий смысл в контексте машинизированной жизни в имении Вронского.

К удивлению Долли, Анна перенимает игривый тон Весловского в разговоре за столом, никак не считая его оскорбительным. В отличие от ревнивого Левина, выгнавшего Весловского, Вронский не обращает внимания на болтовню-флирт молодого человека с Анной.

Новый облик и новое поведение Анны поразили Долли уже тогда, когда она подъезжала к имению:

> В первую минуту ей показалось неприлично, что Анна ездит верхом. С представлением о верховой езде для дамы в понятии Дарьи Александровны соединялось представление молодого легкого кокетства, которое, по ее мнению, не шло к положению Анны (ч. 6, гл. 17, т. 9: 207).

В верховой езде происходит, как кажется Долли, некое смешение мужской и женской роли[8]. Это подчеркивается и в следующем эпизоде, когда Весловский садится на лошадь Анны, чтобы научить коня «галопу с правой ноги». На такое смешение половых ролей реагируют и мужики, которые жнут рядом:

> — Глянь-ка. Эта в портках женщина? — сказал один из них, указывая на садившегося на дамское седло Васеньку Весловского.
> — Не, мужик. Вишь, как сигнул ловко! (ч. 6, гл.17, т. 9, с. 210).

Долли замечает позже, что Анна отказалась от роли жены-женщины в доме и что за все хозяйство отвечает не она, а Вронский:

> Дарья Александровна наблюдала эту новую для себя роскошь и, как хозяйка, ведущая дом, — хотя и не надеясь ничего из всего виденного применить к своему дому, [...] невольно вникала во все подробности и задавала себе вопрос, кто и как это все сделал. [...] Дарья Александровна знала, что само собой не бывает даже кашки к завтраку детям и что потому при таком сложном и прекрасном устройстве должно было быть положено чье-нибудь усиленное внимание. И по взгляду Алексея Кирилловича, как он оглядел стол, и как сделал знак головой дворецкому, и как предложил Дарье Александровне выбор между

[8] Вообще взаимоуподобление мужчин и женщин пронизывает «английскую жизнь» в романе. Тема доводится до абсурда в той дискуссии, которая происходит в доме Облонских за обедом, где Кити дает свое согласие Левину. Завязывается разговор об образовании женщин и о разных ролях: «— Да, но мужчина не может кормить, — сказал Песцов, — а женщина... — Нет, *англичанин выкормил на корабле своего ребенка,* — сказал старый князь, позволяя себе эту вольность разговора при своих дочерях. — *Сколько таких англичан, столько ж и женщин будет чиновников,* — сказал уже Сергей Иванович» (ч. 4, гл. 10, т. 8: 456).

> ботвиньей и супом, она поняла, что все делается и поддерживается заботами самого хозяина. *От Анны, очевидно, зависело все это не более, как от Весловского.* [...] Анна была хозяйкой только по ведению разговора (ч. 6, гл. 22, т. 9: 230).

Еще более «гостьей» Анна оказывается в детской собственной дочери:

> — Мне иногда тяжело, что *я как лишняя здесь*, — сказала Анна, выходя из детской и занося свой шлейф, чтобы миновать стоявшие у двери игрушки. — Не то было с первым (ч. 6, гл. 19, т. 9: 218).

Именно в детской сосредоточивается и материализуется тот дух, который царит во всем имении — «английский», иностранный, «машинный», неестественный... Ребенок окружен всякими устройствами, которые должны помочь ему развиваться, и вся обстановка напоминает скорее цех или фабрику, чем детскую комнату.

> В детской роскошь, которая во всем доме поражала Дарью Александровну, еще более поразила ее. Тут были *и тележечки, выписанные из Англии*, и инструменты для обучения ходить, и нарочно устроенный *диван вроде бильярда, для ползания*, и качалки, и ванны особенные, новые. *Все это было английское*, прочное и добротное и, очевидно, очень дорогое (ч. 6, гл. 19, т. 9: 216).

Уже когда родилась дочка Вронского (с фамилией Каренина), ей дали имя матери «Анна». Но вскоре ее имя переиначили на иностранный лад «Ани» (Annie), и вместе с ней в семье Карениных появилась англичанка *мисс Эдвард*, и в доме начали говорить о ребенке как о *baby*[9]:

---

[9] Англичанка занимается рукоделием с французским названием mignardise, т. е. это нечто непростое с коннотациями «сверхкультивированное», «жеманное». «Несерьезным» считает и Левин то «английское вышивание», которым занимается Кити первое время после их свадьбы: «Да, кроме интереса к дому (это было у нее), кроме своего туалета и кроме broderie anglaise, у нее нет серьезных интересов. [...] Левин в душе осуждал это и не понимал еще, что она готовилась к тому периоду деятельности, который должен был наступить для нее, когда она будет в одно и то же время женой мужа, хозяйкой дома, будет носить, кормить и воспитывать детей» (ч. 5, гл. 15, т. 9: 64).

Вышивающая беременная женщина — распространенный культурный образ. Своим вышиванием беременная символически создает плоть новой жизни. В этой связи интересны трудности, которые испытывает *беременная* Анна со своим вязаньем (эпизод дается перед рассказом Анны о своем сне). В припадке ревности к «свободной жизни» Вронского Анна говорит: «— Ведь это

> Англичанка, заменившая во время болезни Анны француженку, с вязаньем миньярдиз сидевшая подле мальчика, поспешно встала, присела и дернула Сережу.
>
> Алексей Александрович погладил рукой по волосам сына, ответил на вопрос гувернантки о здоровье жены и спросил о том, что сказал доктор о baby. [...]
>
> — Я думаю, что кормилица не годится, сударь, — решительно сказала англичанка (ч. 4, гл. 19, т. 8: 492).

С самого начала ребенок несет печать «чужого», «чужеродного». Анна отдает дочь в руки иностранок как во время пребывания в Италии, так и после возвращения в Россию. О чувстве отчуждения по отношению к дочери говорит то, что Анна ничего не знает о ее физическом развитии, особенно о последних зубах:

> Кроме того, тотчас же по нескольким словам Дарья Александровна поняла, что Анна, кормилица и нянька и ребенок не сжились вместе и что посещение матерью было дело необычное. Анна хотела достать девочке ее игрушку и не могла найти ее.
>
> Удивительнее же всего было то, что на вопрос о том, сколько у ней [девочки] зубов, Анна ошиблась и совсем не знала про два последние зуба (ч. 6, гл. 19, т. 9: 217).

Увиденная глазами Долли жизнь в Воздвиженском кажется разобщенной, неорганичной, устроенной «по часам», «по-английски», как говорит княжна Варвара:

> И потом, c'est un intérieur si joli, si comme il faut. Tout-à-fait à l'anglaise. On se réunit le matin au breakfast et puis on se sépare. Всякий делает что хочет до обеда. Обед в семь часов (ч. 6, гл. 20, т. 9: 220).

Люди соединяются не для того, чтобы заниматься чем-то настоящим, как в Покровском Левина, где женщины вместе варят малину на веранде, мужчины едут на охоту, дети и взрослые сообща собирают грибы в лесу. В Воздвиженском собираются для прогулок и «пустых игр». Заводила в этом деле Васенька Весловский:

всегдашняя жизнь вас всех, молодых мужчин, — сказала она, насупив брови, и *взявшись за вязанье, которое лежало на столе, стала*, не глядя на Вронского, *выпрастывать из него крючок*. [...] Она [...] выпростала, наконец, крючок из вязанья, и быстро, с помощью указательного пальца, стали накидываться одна за другой петли белой, блестевшей под светом лампы шерсти, и быстро, нервически стала поворачиваться тонкая кисть в шитом рукавчике» (ч. 4, гл. 3, т. 8: 419, 421).

— Une partie de lawn tennis, — улыбаясь своею красивою улыбкой, предложил Весловский. — Мы опять с вами, Анна Аркадьевна.

— Нет, жарко; лучше пройти по саду и в лодке прокатиться, показать Дарье Александровне берега, — предложил Вронский (ч. 6, гл. 20, т. 9: 220).

После обеда все, однако, начинают играть в новейшую игру *lawn tennis*, преемницу того крокета, который был главной забавой в усадьбе кузины Бетси:

После обеда посидели на террасе. Потом стали играть в lawn tennis. Игроки, разделившись на две партии, расстановились на тщательно выровненном и убитом *крокетграунде*, по обе стороны натянутой сетки с золочеными столбиками (ч. 6, гл. 22, т. 9: 236).

Подчеркивается роскошь *граунда* (золоченые столбики), но одновременно его остриженность (ср. «стриженая грива» и «короткий хвост» английского коба Анны), т. е. некое вмешательство человека в природу.

Дарья Александровна с трудом понимает английскую игру. Ей кажется ненатуральным, что взрослые люди занимаются такой игрой, без детей. С беспокойством она следит за другой игрой — флиртом Анны с Васенькой.

Во время же игры Дарье Александровне было невесело. Ей не нравилось продолжавшееся при этом игривое отношение между Васенькой Весловским и Анной и та общая *ненатуральность* больших, когда они одни, без детей, играют в детскую игру. Но, чтобы не расстроить других и как-нибудь провести время, она, отдохнув, опять присоединилась к игре и *притворилась, что ей весело*. Весь этот день ей все казалось, *что она играет на театре* с лучшими, чем она, актерами и что ее плохая игра портит все дело (ч. 6, гл. 22, т. 9: 236).

Ощущение, что в Воздвиженском все *играют в жизнь,* вместо того чтобы жить, все усиливается у Дарьи Александровны в течение дня. В этом театре занимаются постоянным переодеванием — Анна появляется в *четырех* разных нарядах в тот единственный день, который Долли проводит в имении.

[Анна] — Теперь пойду одеваться, а тебе пришлю девушку (ч. 6, гл. 18, т. 9: 214).

Теперь надо идти одеваться. Я думаю, и ты тоже. Мы все испачкались на постройке. [...] Да, мы здесь очень чопорны, — сказала она, как бы извиняясь за свою нарядность (ч. 6, гл. 22, т. 9: 229).

Постоянная смена одежды у Анны контрастирует с тем, что у Долли только одно «лучшее платье» (ср. также с ее «*заплатанной* кофточкой»).

> Долли пошла в свою комнату, и ей стало смешно. Одеваться ей не во что было, потому что она уже надела свое лучшее платье; но, чтоб ознаменовать чем-нибудь свое приготовление к обеду, она попросила горничную обчистить ей платье, переменила рукавчики и бантик и надела кружева на голову (ч. 6, гл. 22, т. 9: 229).

Переодевание, как и новые постройки в имении, знаменуют некую *перемену* ситуации и становятся субститутом той главной перемены, которая никак не осуществляется, — развода Анны и освящения ее брака с Вронским. Тайное решение Анны не рожать больше детей и неопределенный статус дочери неожиданно претворяют в жизнь первые английские слова Вронского на станции железной дороги при упоминании имени Каренина — «not in my line». Дочка Вронского останется «Карениной», других потомков не будет, *семьи не будет*, род (line, lineage) Вронского на нем закончится [10].

---

[10] Конец рода интересным образом связывается с железной дорогой и с «новой роскошью» в романе. Это происходит через имя *Мальтус*, которому Толстой дает новое амплуа:

> Облонский рассказывал про прелесть охоты у Мальтуса, на которой он был прошлым летом. *Мальтус был известный железнодорожный богач*. Степан Аркадьич рассказывал, какие у этого Мальтуса были в Тверской губернии откуплены болота, и как сбережены, и о том, какие экипажи, *догкарты*, подвезли охотников, и какая палатка с завтраком была раскинута у болота. [...] [Левин] — Но неужели тебе не противна именно эта роскошь? (ч. 6, гл. 11, т. 9: 180)

На английский образ жизни этого Мальтуса указывают как раз его «догкарты» (dog-cart). Вполне вероятно, что имя Мальтуса — железнодорожного богача — скрытое указание на англичанина Томаса Мальтуса (1766—1834), который пропагандировал ограничение рождаемости и основывал материально-экономический рост на таком «вмешательстве в природу». Таким образом, железная дорога (столь важный символ в романе) вплетается в сеть «ненатурального», «противоприродного» и усиливает ту чужеродность, которой пронизано все «английское», от вещей до религии.

Идеи Мальтуса о *планировании* биологической жизни получили новый расцвет в 1870-е годы (наверно, в связи с теориями Дарвина), когда в Лондоне было основано The Malthusian League. Это общество проповедовало birth control, и позже, в начале XX века, эти идеи нашли свое продолжение в теории «расового прогресса» (racial progress).

Мальтузианство было глубоко ненавистно Толстому, который упоминает об этой доктрине в своем трактате *Что такое искусство* (1897) среди «ложных теорий»,

Для Долли самое «ненатуральное», что происходит в «английском» имении, — это решение Анны не иметь больше детей. По дороге в Воздвиженское Долли сама много думала о всех трудностях, связанных с беременностью, с воспитанием детей и позволила себе даже мечтать о «самых страстных и невозможных романах». Но смерть ее последнего ребенка лежит тяжестью на ней, особенно потому что в своем горе она *одна*:

> «[...] И сверх всего — смерть этих же детей». И опять в воображении ее возникло вечно гнетущее ее материнское сердце жестокое воспоминание смерти последнего, грудного мальчика, умершего крупом, его похороны, *всеобщее равнодушие* пред этим маленьким розовым гробиком и *своя разрывающая сердце одинокая боль* пред бледным лобиком с вьющимися височками, пред раскрытым и удивленным ротиком, видневшимся из гроба в ту минуту, как его закрывали розовою крышечкой с галунным крестом (ч. 6, гл. 16, т. 9: 204).

Попытки гостившей в имении Долли уговорить Анну попросить развод кончаются ничем. И когда Анна возвращается в спальню после очередной дозы морфина, и Вронский вопросительно смотрит на нее, ища следов ее разговора с Долли, он ничего не находит «в ее выражении, возбужденно-сдержанном и *что-то скрывающем*». Анна прячет глубоко внутри себя свои «skeletons» — те «скелеты», которые в начале ее связи с Вронским были так «смешны», но теперь выросли и своей мрачностью представляют угрозу ее отношениям с Вронским.

Отъезд Долли из имения Воздвиженское закрывает навсегда для Анны тот душевный просвет, который Долли сумела открыть. Праздная «английская» жизнь быстро скрывает опасную бездну.

> Пробыв день, и она [Долли] и хозяева ясно чувствовали, что они не подходят друг к другу и что лучше им не сходиться. Одной Анне было грустно. Она знала, что теперь, с отъездом Долли, никто уже не растревожит в ее душе те чувства, которые поднялись в ней при этом свидании. Тревожить эти чувства ей было больно, но она все-таки

которыми увлекаются люди: «Если теория оправдывает то ложное положение, в котором находится известная “часть общества”, то, как бы ни была неосновательна теория и даже очевидно ложна, она воспринимается и становится верою этой части общества. Такова, например, знаменитая, ни на чем не основанная теория Мальтуса о стремлении населения земного шара к увеличению в геометрической, а средств пропитания в арифметической прогрессии, и вследствие этого о перенаселении земного шара» (*Толстой.* Собр. соч.: В 20 т., т. 15, с. 99—100).

5 — 3806

знала, что это была самая лучшая часть ее души и что эта часть ее души быстро зарастала в той жизни, которую она вела (ч. 6, гл. 24, т. 9: 244—245).

Растущий нарциссизм Анны выражается в романе по-разному. Важную *роль зеркала* играет тот портрет Анны, который писали с нее по заказу Вронского, когда они жили за границей. Но Анна и сама выбирает себе «зеркало» — это *английская* девочка, носящая ее имя (в форме «Ганна» — англ. Hannah), взятая в воспитанницы. Ганна — дочь тренера-англичанина Вронского. Облонский рассказывает Левину по дороге, когда они едут в гости к Анне:

— У них, то есть у Вронского, был тренер-англичанин, мастер своего дела, но пьяница. [...] и теперь все семейство на ее руках [...] она сама готовит мальчиков по-русски в гимназию, а девочку взяла к себе (ч. 7, гл. 9, т. 9: 305).

Но даже Степану Аркадьичу забота Анны об англичанке кажется несколько чрезмерной, и он говорит: «Кончится тем, что ты ее будешь любить больше своей» (с. 308). Анна сразу обвиняет брата в «мужском» взгляде: «Вот мужчина говорит. В любви нет больше и меньше. Люблю дочь одною любовью, ее — другою» (с. 308).

Но именно вокруг *Ганны* запутывается тот клубок нитей раздора, который станет роковым в отношениях Вронского и Анны.

Все началось с того, что он [Вронский] посмеялся над женскими гимназиями, считая их ненужными, а она заступилась за них. Он неуважительно отнесся к женскому образованию вообще и сказал, что Ганна, покровительствуемая Анной англичанка, вовсе не нуждалась в знании физики.

Это раздражило Анну. [...]

— Я не жду того, чтобы вы помнили меня, мои чувства, как может их помнить любящий человек, но я ожидала просто деликатности, — сказала она. [...]

— Мне неинтересно ваше пристрастие к этой девочке, это правда, потому что я вижу, что оно ненатурально.

Эта жестокость его, с которою *он разрушал мир,* с таким трудом *состроенный ею себе*, чтобы переносить свою тяжелую жизнь, эта несправедливость его, с которою он *обвинял ее в притворстве, в ненатуральности,* взорвали ее.

— Очень жалею, что одно грубое и материальное вам понятно и натурально, — сказала она и вышла из комнаты. [...]

«Ненатурально», — вспомнила она вдруг более всего оскорбившее ее не столько слово, сколько намерение сделать ей больно.

«Я знаю, что он хотел сказать; он хотел сказать: *ненатурально, не любя свою дочь, любить чужого ребенка*» (ч. 7, гл. 23, т. 9: 356—357).

Где-то глубоко внутри себя Анна сама осознает свое *отчуждение* от окружающего ее мира (Толстой подчеркивает это отчуждение все усиливающейся привычкой *щуриться*)[11], ее замыкание на самой себе, на своей любви, которая вместо того, чтобы быть дарующей, становится требовательной и всепоглощающей[12]. И ответственным за эту любовь, чуть ли не виновником, Анна считает Вронского. Она размышляет в одиночестве о своем положении:

Я ничего не могу делать, ничего начинать, ничего изменять, я сдерживаю себя, жду, выдумывая себе *забавы — семейство англичанина*,

---

[11] Привычка щуриться — не новая у Анны. Впервые она появляется на балу в Москве:

«В середине мазурки [...] Анна вышла на середину круга, взяла двух кавалеров и подозвала к себе одну даму и Кити. Кити испуганно смотрела на нее, подходя. Анна, *прищурившись, смотрела* на нее и улыбнулась, пожав ей руку. Но, заметив, что лицо Кити только выражением отчаяния и удивления ответило на ее улыбку, она отвернулась от нее и весело заговорила с другою дамой» (ч. 1, гл. 23, т. 8: 102).

Анна отказывается признаться в том, что она испортила весь бал для Кити. Прищуриванием глаз она делается *непроницаемой* для той боли, которую излучает лицо Кити. Анна *маскирует* для самой себя действительность, и эта маскировка достигает своего апогея в жизни в Воздвиженском (ср. «ей [Долли] все казалось, что она играет на театре с лучшими, чем она, актерами [...]»).

[12] Со временем Анна уходит все больше в себя как *объект любви* Вронского: «Устройство больницы тоже занимало ее. Она не только помогала, но многое и устраивала и придумывала сама. Но *главная забота ее все-таки была она сама — она сама, насколько она дорога Вронскому*, насколько она может заменить для него все, что он оставил. Вронский ценил это, сделавшееся *единственною целью ее жизни*, желание не только нравиться, но служить ему, но вместе с тем и тяготился теми любовными сетями, которыми она старалась опутать его» (ч. 6, гл. 25, т. 9: 246).

Стремление Анны воплотить в себе некий образ, который был бы, как она это представляет, привлекательным для Вронского, ведет к тому, что она постепенно теряет свое внутреннее «я». Все усилия устремлены на внешность. Долли инстинктивно понимает напрасность такого поведения: «Если он [Вронский] будет искать этого [“всегда красива и весела”], то найдет туалеты и манеры еще более привлекательные и веселые. И как ни белы, как ни прекрасны ее обнаженные руки, как ни красив весь ее полный стан, ее разгоряченное лицо из-за этих черных волос, он найдет еще лучше, как ищет и находит мой отвратительный, жалкий и милый муж» (ч. 6, гл. 23, т. 9: 240). Старания Анны показать Вронскому, *что она желанна*, меняют ее поведение: возбуждение интереса у других мужчин (Весловского и даже Левина, когда тот посещает ее вместе с Облонским) станет для нее необходимым, чтобы увериться в своей притягательности.

писание, чтение, но все это только *обман*, все это тот же *морфин*. Он бы должен пожалеть меня (ч. 7, гл. 12, т. 9: 315).

Во время одной из последних ссор опять всплывает вопрос о детях. Анна отказывается понимать заинтересованность Вронского в ее разводе.

— Ясность не в форме, а в любви, — сказала она, все более и более раздражаясь не словами, а тоном холодного спокойствия, с которым он говорил. — Для чего ты желаешь этого?

«Боже мой, опять о любви», — подумал он, морщась.

— Ведь ты знаешь для чего: для тебя и для детей, которые будут, — сказал он.

— Детей не будет.

— Это очень жалко, — сказал он.

— Тебе это нужно для детей, а обо мне ты не думаешь? — сказала она, совершенно забыв и не слыхав, что он сказал: «*для тебя* и для детей».

Вопрос о возможности иметь детей был давно спорный и раздражавший ее. Его желание иметь детей она объясняла себе тем, что он не дорожил ее красотой (ч. 7, гл. 25, т. 9: 364—365; курсив Толстого. — *Б. Л.*).

Анна уже не в состоянии воспринимать что-либо другое, нежели *самое себя*.

Атрибут *английский*, повсюду в Воздвиженском преследующий читателя, оказывается, таким образом, коррелятом ненатуральности. «Театр» и притворство петербургской среды (будь то кружок Лидии Ивановны или салон кузины Бетси) переселяются в Воздвиженское. Рационально построенная жизнь возводится в ранг высшей ценности и требует вмешательства в природу, в ту «дикую натуру», которой еще живут в России[13]. Первый защитник традиционного уклада

---

[13] Англия воспринимается по-разному разными героями. Для Каренина («министерской машины», по словам Анны) Англия представляет собой «цивилизованный мир», где нет таких диких нравов, как, например, вызов на дуэль: «Без сомнения, *наше общество еще так дико (не то, что в Англии)*, что очень многие, — и в числе этих многих были те, мнением которых Алексей Александрович особенно дорожил, — посмотрят на дуэль с хорошей стороны, но какой результат будет достигнут?» (ч. 3, гл. 13, т. 8: 329).

Левин в свою очередь считает Англию страной, где все «условия определены», и сравнивает жизнь там с «крепостным правом»: «Это, может быть, не важно было *при крепостном праве или* не важно *в Англии*. В обоих случаях самые условия определены; но у нас теперь, когда все это переворотилось и только укладывается, вопрос о том, как уложатся эти условия, есть только один важный вопрос в России», — думал Левин (ч. 3, гл. 26, т. 8: 385—386).

жизни, Константин Левин, считает именно строительство *железных дорог* (кстати, впервые появившихся в Англии) роковым для русской жизни:

> Он доказывал, что бедность России происходит не только от неправильного распределения поземельной собственности и ложного направления, но что этому содействовали в последнее время *ненормально привитая России внешняя цивилизация, в особенности* пути сообщения, *железные дороги*, повлекшие за собою централизацию в городах, развитие роскоши и вследствие того, в ущерб земледелию, развитие фабричной промышленности, кредита и его спутника — биржевой игры (ч. 5, гл. 15, т. 9: 61).

Модернизация страны влечет за собой такие явления, как «машинность» работы на фабриках, тягу к роскошной жизни (построенной на кредите), биржевую игру (вместо постепенного вкладывания средств).

И сложным образом «английский роман» Анны и Вронского, возникший на той же железной дороге, вписывается в картину ненатуральности и неорганичности, связанной с «англизацией» русской жизни в понимании Толстого. И не случайно антиподом жизни в Воздвиженском предстает жизнь в имении Левина Покровское.

Противопоставление двух имений обыгрывается во множестве реальных деталей. Одна из наиболее значимых — *заплатанность* не только покровского экипажа, в котором едет Долли, но и ее одежды — в сравнении со всем «с иголочки новым» в Воздвиженском. Левинские лошади «непаристые», и его коляска «с заплатанными крыльями». Свияжский, гостивший в Воздвиженском, иронически отзывается о коляске: «...в этом *вегикуле*» (фр. *véhicule*) — т. е. простая повозка, контрастирующая с тем *char à bancs*, в котором едет он (ч. 6, гл. 17, т. 9: 209). У Долли с собой — под стать коляске — только заплатанная кофточка, уложенная ею по ошибке. И ей станет стыдно «за те самые *заплатки и заштопанные места*, которыми она так гордилась дома» (с. 215).

При отъезде Долли из Воздвиженского Толстой еще раз фиксирует взгляд на всех этих деталях: «Кучер Левина в своем *не новом кафтане* и полуямской шляпе, на *разномастных* лошадях, в коляске *с заплатанными крыльями* мрачно и решительно въехал в крытый, усыпанный песком подъезд» (ч. 6, гл. 24, т. 9: 244). Подчеркивание «заплатанности» ипостасирует название имения *Покровское.* Праздник Покрова в русском календаре связан с защитой, со свадьбой, с материнством[14]. И в Покровском Левина празднуется брак и *семейная жизнь*: беременность Кити и многочисленные дети часто там гостившей Долли — антиподы стерильности жизни в Воздвиженском.

В усадьбе Вронского живут не родственники, как у Левина, а случайные гости[15]. Долли чувствует себя скорее в гостинице, чем в доме:

> И эта комната [...] была преисполнена роскоши, в какой никогда не жила Долли и которая напоминала ей лучшие гостиницы за границей (ч. 6, гл. 18, т. 9: 213).

Чувство «не-дома» усиливалось на обеде:

> Обед, вина, сервировка — все это было очень хорошо, но все это было такое, какое видела Дарья Александровна на званых обедах и балах, от которых она отвыкла, и с тем же *характером безличности и напряженности* (ч. 6, гл. 22, т. 9: 235).

Отсутствие чувства *дома* в Воздвиженском, отчуждение Анны от дочери, и, главное, ее решение, втайне от Вронского, *не иметь детей* — все это потрясает Дарью Александровну, и она возвращается в Покровское с совершенно другим чувством, чем отправлялась оттуда.

> Воспоминания о доме и детях с особенною, новою для нее прелестью, в каком-то новом сиянии возникали в ее воображении (ч. 6, гл. 24, т. 9: 243).

Интересна беседа Долли с кучером по дороге домой о впечатлениях от Воздвиженского:

> — Ну, а лошади их понравились тебе? — спросила Долли.
>
> — Лошади — одно слово. И пища хороша. А так мне *скучно что-то показалось*, Дарья Александровна, не знаю, как вам, — сказал он, обернув к ней свое красивое и доброе лицо.
>
> — Да и мне тоже. Что ж, к вечеру доедем?
>
> — Надо доехать (ч. 6, гл. 24, т. 9:245).

---

[14] Например, в народных поверьях: «Покров Божьей Матери»; «Невеста под покровом, под ширинкой или фатой, под покрывалом»; «Батюшка Покров, покрой землю снежком, а меня молоду, женишком!» (Даль 1955: 247).

[15] Долли чувствует неловкость из-за того, что княжна Варвара, родственница ее мужа, должна жить «у чужого», у Вронского: «Княжна Варвара была тетка ее мужа, и она давно знала ее и не уважала. Она знала, что княжна Варвара всю жизнь свою провела приживалкой у богатых родственников; но то, что она жила теперь у Вронского, у чужого ей человека, оскорбило ее за родню мужа» (ч. 6, гл. 17, т. 9: 208—209).

Емкое слово «скучно» выражает ту томящую праздность, которую Долли встретила в доме Вронского.

Как я стремилась показать, «английская тема» слагается из множества элементов: от английских реплик, вещей, деталей интерьера и игр — до образов англичанок-гувернанток. Конкретные контексты всегда предполагают оценочную оптику всей этой «английской палитры», разные оценки взаимно отражают друг друга, и в целом эта мозаика складывается в общий образ *английского*, ипостасирующего ненатуральность, притворство, смешение природных ролей, принцип *конструирования* жизни. «Английское» в романе участвует в том противопоставлении, которое Толстой проводит через весь роман, между «своим» и «чужим», органичным и наносным или искусственным. В конечном итоге, между правдой и ложью. Свое, родное обретается в Покровском, а в Воздвиженском жизнь движется по ложному, «сделанному» пути, который постепенно приводит героев к краху. Человек не может рационально сконструировать жизнь, он может только «залатать» ее и принимать такой, какой она ему дана.

И ДЛЯ ЧЕГО ГОВОРИТЬ ПО-ФРАНЦУЗСКИ?

> Нет, я вас предупреждаю, если вы мне не скажете, что у нас будет война, если вы еще позволите себе защищать все гадости, все ужасы этого антихриста (право, я верю, что он антихрист), — я вас больше не знаю, вы уж не друг мой, вы уж не мой верный раб, как вы говорите. Ну, здравствуйте, здравствуйте (Толстой 1889: 5).

Так изъясняется фрейлина Анна Шерер *по-русски* в начале романа в третьем издании «Войны и мира», вышедшем впервые в 1873 г. и переиздававшемся без изменений и после этого. Перевод французской речи Mlle Scherer сделан самим Толстым. Можно спросить, что побудило писателя к переводу? В самом ли деле устранен билингвизм в романе, или перед нами только изменение в отношениях французского и русского языков *в тексте* романа? Может быть, Анна Шерер *в действительности* все еще говорит на французском, хотя нам, читателям, ее речь передается на языке романа — на русском? Последнее подтверждается другой ее репликой на том же вечере:

> Ах, да! Расскажите нам это, виконт, — сказала Анна Павловна с радостию, чувствуя как чем-то à la Louis XV отзывалась эта фраза: — Contez-nous cela, vicomte (Толстой 1889: 17).

Тут Толстой ясно дает нам понять, что русская фраза «расскажите нам это, виконт» в действительности сказана по-французски. Необходимость привести фразу и по-французски (Contez-nous cela, vicomte), по всей видимости, вызвана сравнением «à la Louis XV», — чтобы читатель мог *чувствовать* всю прелесть фразы, потерявшуюся в русской форме. А если французский язык не привносит никаких дополнительных смыслов, он может так же хорошо выступать в русском «облике»[1].

---

[1] В книге *Поэтика композиции* (1970: 63—76) Б. Успенский исследовал употребление французского языка в романе *Война и мир* и выделил четыре его проявления: «Французская речь может передаваться

Изучение использования французского языка в романе «Анна Каренина» (кстати, Толстой начал писать новый роман в том же 1873 году, когда роман «Война и мир» был переиздан с заменой части французских текстов на их русский перевод) обнаружило сложную семиотическую функцию этого языка в тексте. Каждый раз, когда герои пользуются французским (или когда сам автор вводит его в свою речь), этот язык как-то *оформляет* ситуацию, дает особую тональность происходящей коммуникации. Вокруг французского создается целый клубок смыслов. Постараюсь показать, как это происходит. В мое поле зрения будут входить не только французские слова, но и те случаи, когда автор или говорит, или другим путем дает нам понять, что коммуникация происходит на французском. Таких ситуаций, разумеется, больше, чем прямых вкраплений иностранных слов.

Самое отрицательное отношение к французскому выражает Константин Левин. Его особенно коробит введение *чужого* языка в *дом*, святое место для Левина. Еще в молодости Левину, так любившему дом и семью Щербацких, было непонятно, «для чего этим трем барышням нужно было говорить через день по-французски и по-английски» (ч. 1, гл. 6, т. 8: 31). И когда он спустя длительное время

а) непосредственно по-французски,

б) в русском переводе,

в) в виде смешанного двуязычного текста — когда одна часть фразы дается по-французски, а другая по-русски,

г) в виде дублирования одного и того же выражения и по-французски и по-русски» (Успенский 1970: 74).

Интерпретация Успенского последнего феномена следующая: «автор как бы помогает читателю, время от времени ориентируя его на *реальные* условия произнесения фразы» (с. 74). Успенский сознает, что Толстой может иметь какие-то «специальные (композиционные) задачи» (с. 68) в своем смешении французского и русского, но видит главную причину этой практики в стремлении автора «передать индивидуальность стиля говорящего... дать читателю как бы ключ к манере разговора» и этим способом выразить точку зрения того или иного героя. Показательно, что он сравнивает использование французского с картавостью Денисова, тоже отраженной в тексте романа. Французский тем самым становится неким постоянным признаком некоторых героев, о котором автор иногда считает нужным напомнить читателю. На мой взгляд, дело обстоит куда сложнее: французский прикреплен не только к индивиду, но и к ситуации, и, что важнее всего, оценивается по-разному в разных ситуациях.

Оценочный момент был хорошо выявлен Т. Цивьян в ее анализе французского языка в *Подростке* Достоевского: «Язык вовлечен в изощренную игру, преследующую своей целью создать узкую среду, основным признаком которой является неестественность, искусственность» (Цивьян 1988: 435).

посещает одну из сестер, Дарью Облонскую, в ее имении Ергушово, он снова сталкивается с той же воспитательной практикой.

Дарья Александровна и Левин говорят по-русски, но когда дочка Таня входит к ним, мать переходит на французский: «— Зачем ты пришла, Таня, — сказала Дарья Александровна по-французски» (ч. 3, гл. 10, т. 8: 318). Девочка ищет свою лопатку и говорит по-русски: «Где моя лопатка, мама?». Дарья Александровна входит в роль учительницы и поправляет ее: «— Я говорю по-французски, и ты так же скажи». Но девочка забыла французское слово, и матери приходится подсказать и потом объяснить, где отыскать лопатку. Левин реагирует болезненно на это:

> «И для чего она говорит по-французски с детьми? — подумал он. — Как это неестественно и фальшиво! И дети чувствуют это. Выучить по-французски и отучить от искренности» (ч. 3, гл. 10, т. 8: 319).

Непосредственно перед этим эпизодом Дарья Александровна решилась поговорить с Левиным о Кити и старалась объяснить ему трудное положение молодой девушки, стоящей перед выбором жениха. Разговор возбудил в Левине память о его неудачном предложении. И, наверно, об обеде с Облонским в ресторане *перед предложением.*

Там неестественность всего ресторанного порядка стесняла Левина, но особенно его оскорбила встречавшая их француженка:

> Он [Облонский] подошел к буфету, закусил водку рыбкой и что-то такое сказал *раскрашенной, в ленточках, кружевах и завитушках француженке*, сидевшей за конторкой, [...] Левин же только оттого не выпил водки, что ему оскорбительна была эта француженка, *вся составленная, казалось, из чужих волос, poudre de riz и vinaigre de toilette.* Он, как от грязного места, поспешно отошел от нее (ч. 1, гл. 10, т. 8: 44).

Французские слова *poudre de riz и vinaigre de toilette* появляются как знак сверхчужого, подчеркивая ненатуральность этой женской фигуры, — в оптике Левина, разумеется. Ведь Облонский отнюдь не страдает от того же самого. Но когда дело доходит до составления меню, Облонский переходит на сторону Левина, отмежевываясь от официанта, который упорно называет все блюда по-французски. Облонский спрашивает у Левина : «не начать ли с устриц?» — на что Левин говорит: «— Мне все равно. Мне лучше всего щи да каша; но ведь здесь этого нет». Официант-татарин нагибается над Левиным «как няня над ребенком» и предлагает: «— Каша а ля рюсс, прикажете?» Облонский, по всей видимости, воспринимает поведение татарина как насмешку над своим другом и заказывает ему меню по-русски: «суп с кореньями... тюрбо под густым соусом... каплунов... ну и консервов». А официант повторяет все блюда по-французски: «Суп прентаньер, тюрбо сос Бомарше, пулард а лестрагон, маседуан де фрюи...» — и тем самым, словами автора, «доставил себе удовольствие повторить весь заказ по карте».

Описанная ситуация хорошо показывает всю сложность функции вкрапленных французских слов. Они одновременно усиливают реализм описания и вписываются в шкалу *свое-чужое* в бахтинском смысле. Официант пользуется французскими словами, *напечатанными* на карте, с удовольствием произносит их, это его официантский гонор. А Облонский, который ничего не имеет против французского (или француженок, если вспомним его недавнюю историю с француженкой-гувернанткой m-lle Roland), в этой ситуации солидарен со своим другом Левиным, отказываясь от французского. Его речь к тому же свидетельствует о том, что он знает, *что* он ест. Он обедает в ресторане, как дома у себя.

Такого болезненного отношения к французскому, как у Левина, нет у других героев. Знание французского входит в их языковой репертуар и ничуть не противоречит их «русскости». Например, самый что ни на есть русский князь Щербацкий «из старого дворянского семейства» говорит «на том отличном французском языке, на котором столь немногие уже говорят теперь» (ч. 2, гл. 34, т. 8: 272—273). Но в речи князя, как она представлена в романе, не появляется никаких французских слов, в отличии от речи княгини. Когда Щербацкие отдыхают на водах в Германии, их язык, естественно, пронизан французским, языком общения между русскими за границей. Мы слышим от княгини: «— Если хочешь, я познакомлюсь с мадам Шталь. Я знала ее belle-soeur» (ч. 2, гл. 31, т. 8: 256). И когда она видит, как Кити восхищается этой дамой и ее воспитанницей Варенькой, она замечает: «Уморительны мне твои engouements» (с. 256). Мы не знаем, общаются ли княгиня и Кити полностью по-французски, но французское слово *engouement* явно значимо. Слово повторяется и в речи автора (который, правда, выражает точку зрения княгини), и «увлечение» Кити приобретает чуть ли не признаки болезни (ср. другое значение engouement: состояние, когда посторонний предмет застревает в горле)[2].

---

[2] Можно сказать, что это значение реализуется *символически* в романе: Кити сама понимает, что ее поведение à la Varenka противоречит ее натуре:

Сначала княгиня замечала только, что Кити находится под сильным влиянием своего engouement, как она называла, к госпоже Шталь и в особенности к Вареньке (с. 265).

Но когда княгиня видит, что Кити вечером читает французское евангелие, подаренное ей госпожой Шталь, она считает нужным предупредить ее, что это уже излишество: «— Il ne faut jamais rien outrer» (с. 266).

Если французский естествен для Щербацких в Германии, то так же натурален он и в великосветских кругах Петербурга. Но и там французский не нейтрален, он всегда привносит особый оттенок в речь героя. У кузины Вронского Бетси Тверской французские словечки летают в воздухе вперемежку с английскими. Подруги Бетси, Лиза Меркалова и баронесса Штольц, описываются так:

> Две дамы эти были главные представительницы избранного нового петербургского кружка, называвшиеся, в подражание подражанию чему-то, les sept merveilles du monde (ч. 3, гл. 17, т. 8: 346).

Бетси (становясь посредницей между Вронским и Анной, видя сначала в их романе занимательную игру) приглашает Анну в свой кружок: «Приезжайте хоть посмотреть, как изучение нравов» (ч. 3, гл. 15, т. 8: 339). Но Анна не понимает новых нравов и спрашивает у Бетси по поводу Лизы: «Что такое ее отношение к князю Калужскому, так называемому Мишке?» (с. 350). Бетси старается объяснить, прибегая к французскому выражению[3], которое дается нам в кальке по-русски:

> — Новая манера. Они все избрали эту манеру. *Они забросили чепцы за мельницы.* Но есть манера и манера, как их забросить (с. 350).

Слова звучат как некое предупреждение Анне: можно идти против установленных правил общества, но надо знать, *как*. А Анна все

Но с приездом отца для Кити изменился весь тот мир, в котором она жила. [...] Она как будто очнулась; почувствовала всю трудность без притворства и хвастовства удержаться на той высоте, на которую она хотела подняться; кроме того, она почувствовала всю тяжесть этого мира горя, болезней, умирающих, в котором она жила; ей мучительны показались те усилия, которые она употребляла над собой, чтобы любить это, и поскорее захотелось на свежий воздух, в Россию, в Ергушово, куда, как она узнала из письма, переехала уже ее сестра Долли с детьми (ч. 2, гл. 35, т. 8: 279).

[3] По-французски «jeter son bonnet par dessus les moulins» со значением «бравировать, бросать вызов “хорошим манерам”».

равно не понимает: «— Да, но какие же ее отношения к Калужскому?» Бетси начинает смеяться и говорит: «— Это вы захватываете область княгини Мягкой. Это вопрос *ужасного ребенка*». Княгиня Мягкая ведь слывет *enfant terrible*, так как она «известная своею простотой, грубостью обращения» (ч. 2, гл. 6, т. 8: 159), она, как говорится, не заботится о *комильфотности*[4].

Для двуязычных переход от одного слова к целым выражениям или предложениям — один шаг. Мы не знаем, на каком языке Бетси произносит свое «забросили чепцы за мельницы», — вероятно, на французском. Но когда Бетси получает записку от Вронского, автор считает нужным вставить «сказала она по-французски» («Алексей сделал нам *ложный прыжок*, — сказала она по-французски, — он пишет, что не может быть...» (ч. 3, гл. 17, т. 8: 348)). Под этим *ложный прыжок* кроется французское *faux pas*, т. е. своим отсутствием Вронский срывает игру: на поверхностном уровне игру в крокет, а на более глубоком уровне — игру с Анной, которая, главным образом, ведется у Бетси или с ее помощью. Анна понимает слова Бетси, и автор комментирует:

> Эта игра словами, это скрывание тайны, как и для всех женщин, имело большую прелесть для Анны. И не необходимость скрывать, не цель, для которой скрывалось, но самый процесс скрывания увлекал ее (ч. 3, гл. 17, т. 8: 348).

Для такого «скрывания тайны» игра со *своим-чужим* весьма уместна. Русская форма *ложный прыжок* к тому же напоминает читателю о только что проигранных Вронским скачках и тех роковых последствиях, которые они имели для Анны. Слово-калька дает игру слов, так сказать, в двух языковых измерениях: по-французски — в конкретном контексте, по-русски — в контексте всего романа.

Интересную трансформацию одного французского фразеологизма мы наблюдаем в связи с речью Вронского. Автор описывает жизнь и характер Вронского:

> Вронский, несмотря на свою легкомысленную с виду светскую жизнь, был человек, ненавидевший беспорядок. [...] Для того чтобы

---

[4] В *Юности* Толстого целая глава (гл. 31) посвящена понятию «comme il faut» и его значению в великосветских кругах. См. также комментарии В. Виноградова в его большой статье о языке Толстого (Виноградов 1939: 154—158). Статья Виноградова богата тонкими наблюдениями над многообразием функций французского языка, особенно в *Войне и мире* (с. 123—130, 147—160, 178).

всегда вести свои дела в порядке, он, смотря по обстоятельствам, чаще или реже, раз пять в год, уединялся и приводил в ясность все свои дела. Он называл это посчитаться, или faire la lessive (ч. 3, гл. 19, т. 8: 355).

Самый важный момент в «стирке» (la lessive) Вронского — освободиться от долгов тем людям, с которыми он больше не хочет иметь никакого дела. «Делать стирку», т. е. вносить ясность и определенность в свою жизнь с Анной, впоследствии становится целью всех действий Вронского (особенно это касается вопроса ее развода с Карениным). А из описания совместной жизни Анны и Вронского в его имении Воздвиженское мы узнаем, что все конкретное устройство *дома* лежит на Вронском и что даже обед полностью зависит от его забот:

И по взгляду Алексея Кирилловича, как он оглядел стол, и как сделал знак головой дворецкому, и как предложил Дарье Александровне выбор между ботвиньей и супом, она [Долли Облонская] поняла, что все делается и поддерживается заботами самого хозяина. От Анны, очевидно, зависело все это не более, как от Весловского. (ч. 6, гл. 22, т. 9: 230).

Когда гостья Долли просит горничную «отдать вымыть» какую-то часть ее одежды, она узнает следующее:

— У нас *на постирушечки* две женщины приставлены особо, а *белье все машиной. Граф сами до всего доходят.* Уж какой муж... (ч. 6, гл. 19, т. 9: 215).

Выражение Вронского «faire la lessive» чуть ли не конкретно обыгрывается в образе его жизни в имении — он даже заботился о такой традиционно женской работе, как стирке белья.

На двух уровнях обыгрывается также и выражение «du train que cela va», произнесенное Анной в разговоре за обеденным столом во время посещения Долли. Анна жалуется на то, что Вронский слишком занят какими-то общественными делами: «Du train que cela va все время уйдет на это» («С таким образом жизни...», т. е. занятым, напряженным). По ее раздражительному тону Долли понимает, что «с этим вопросом об общественной деятельности связывалась какая-то интимная ссора между Анной и Вронским» (ч. 6, гл. 22, т. 9: 235). Французское выражение описывает ситуацию занятости Вронского общественными делами, его отсутствия дома и, таким образом, отчуждения от Анны (что ее и раздражает). Но в романе в целом слово *train* маркировано и напоминает читателю о *железной дороге*, топосе любовной истории Анны и Вронского. Здесь же слово *train* появляется в связи с *раздражением* Анны поведением Вронского, тем самым играя роль некого предзнаменования дальнейших событий в жизни этой любовной пары. Отношения Анны с Вронским развиваются своим роковым ходом («du train que cela va»), которым ни Анна, ни Вронский не могут управлять.

Речь многих героев из великосветских кругов пестрит французскими словами, смысл которых в основном — передать колорит их манеры говорения. Таков, например, друг Вронского Серпуховской, высокого военного чина, который старается вовлечь Вронского в политику. В его речи мы встречаем такие выражения:

> «Tout ça est une blague» [все это ложь], «Cela n'est pas plus fin que ça» [все это не так уж хитро], «Это я понимаю, но *персеверировать* ты не должен. Я только прошу у тебя carte blanche». «Трудно любить женщину и делать что-нибудь. Для этого есть одно средство с удобством без помехи любить — это женитьба. [...] Да, как нести fardeau [груз] и делать что-нибудь руками можно только тогда, когда fardeau увязано на спину, — а это женитьба».
>
> «И еще: женщины все материальнее мужчин. Мы делаем из любви что-то огромное, а они всегда terre-à-terre» (ч. 3, гл. 21, т. 8, с. 365—367).

Все эти слова выскакивают в русской речи Серпуховского (местоимение *ты* указывает на то, что он общается с бывшим товарищем по полку по-русски; см. ниже о местоимениях) как широко употребляемые, трафаретные или, в случае fardeau, как замена более грубого русского соответствия («женщина-груз»).

Так использует французский язык и мать Вронского. Когда она приезжает в Москву (одновременно с Анной Карениной), она говорит сыну: «— Ну, а ты, говорят... vous filez le parfait amour. Tant mieux, mon cher, tant mieux» (ч. 1. гл. 18, т. 8: 78). Французское выражение (буквально «плетешь идеальную любовь») намекает на нерешительность, неспешность Вронского в деле заключения брака. Прямо сказать это было бы трудно для матери — французское иносказание оставляет свободу «не понимать», и Вронский именно так и реагирует: «— Я не знаю, на что вы намекаете, maman».

Диалог Вронского с матерью поднимает другую языковую проблему, которая проходит через весь роман. Речь идет об употреблении местоимений в обращениях: *ты* — *вы* в соотношении с *tu* — *vous*. Мать Вронского начинает с русского «ну, а ты, говорят...», но при переходе на французский заменяет местоимение на достаточно фамильярное *vous*, как было принято у русских дворян того времени (см. Friedrich 1966: 214—259).

Вронский отвечает ей, пользуясь обращением «maman» и местоимением «вы». Можно предположить, что все предложение сказано по-французски и что под этим «вы» кроется *vous*. Таких случаев в романе множество. Отчасти они изучены лингвистом Джоном Лайонсом, который, основываясь на исследовании Фридриха, указывает на сложную игру с местоимениями, которая происходит именно в *Анне Карениной* (Lyons 1979: 235—249).

Фридрих и Лайонс убедительно показывают, что в обращениях к одному лицу используются три местоимения: русское фамильярное «ты», французское «*vous*», которое отнюдь не исключало близость (французское «tu» использовалось преимущественно при интимных отношениях; в *Анне Карениной* оно не играет никакой роли), и русское «вы» с его характером формальной вежливости. Троичная модель предоставляет большой диапазон, словами Лайонса, «for the exercise of one's individual preferences and the expression of one's change of mood or emotion» (Lyons 1979: 238). Сложность интерпретации усиливается еще и тем, что Толстой не всегда указывает на язык общения, есть много случаев, когда только «из ситуации» можно понять, что под русским кроется французский (ср. речь m-lle Шерер в начале *Войны и мира*, которая после перевода на русский все равно остается французской).

Посмотрим на некоторые ситуации, где герои переходят от одного местоимения к другому, тем самым выражая то сближение, то отчуждение.

Перед роковыми скачками Вронский приезжает на дачу Карениных повидаться с Анной. Он встречает ее в саду и замечает какое-то замешательство в ней.

> — Что с вами? Вы нездоровы? — сказал он по-французски, подходя к ней. [...]
>
> — Нет, я здорова, — сказала она, вставая и крепко пожимая его протянутую руку. — Я не ждала... тебя.
>
> — Боже мой! какие холодные руки! — сказал он.
>
> — Ты испугал меня, — сказала она. — Я одна и жду Сережу, он пошел гулять; они отсюда придут. [...]
>
> — Простите меня, что я приехал, но я не мог провести дня, не видав вас, — продолжал он по-французски, как он всегда говорил, избегая невозможно-холодного между ними *вы* и опасного *ты* по-русски (ч. 2, гл. 22, т. 8: 220—222; курсив Толстого. — *Б. Л.*).

Вронский прибегает к французскому именно благодаря «нехолодному» вы/vous. Русское «ты» кажется ему «опасным», оно могло выявить их любовные отношения, которые еще держатся в тайне. Разумеется, раньше уже бывали ситуации, когда между ними говорилось «ты» (так, например, в сцене акта любви Анна обращается к нему: «— Все кончено. У меня ничего нет, кроме тебя. Помни это» (ч. 2, гл. 11, т. 8: 178)). Но в сцене на даче Вронский не знает, одни ли они, и поэтому продолжает говорить по-французски. Анна, напротив, обращается к нему на «ты», хотя с некоторым замедлением («Я не ждала... тебя»). Этим она приближает его к себе, втягивает его в свою интимную сферу. Вронский сразу чувствует, что у Анны что-то на сердце, и просит ее:

> — Я вижу, что случилось что-то. [...] Скажите, ради бога!
> — Сказать?
> — Да, да, да...
> — Я беременна, — сказала она тихо и медленно (с. 222).

Мгновенная реакция Вронского на слова Анны такая:

> — Да, — сказал он, решительно подходя к ней. — Ни я ни вы не смотрели на наши отношения как на игрушку, а теперь наша судьба решена. Необходимо кончить, — сказал он, оглядываясь, — ту ложь, в которой мы живем (с. 222).

Можно предположить, что Вронский все еще продолжает говорить по-французски («ни я ни *вы* не смотрели...»). Переход на русский происходит только после ее вопроса, полного растерянности и беспомощности:

> [А.] — Но как, Алексей, научи меня, как? [...] Разве есть выход из такого положения?
> [В.] — Все лучше, чем то положение, в котором *ты* живешь. Я ведь вижу, как *ты* мучаешься всем, и светом, и сыном, и мужем.

Анна возражает, что «о муже» она не думает, «его нет», и прибавляет: «— Да он и не знает». Когда Вронский продолжает настаивать на необходимости предпринять что-то, Анна вдруг отдаляется от него (переходя на «вы»): «— Что ж делать *по-вашему*?» Еще больше отчуждения выражают ее слова: «— Да, бежать, и мне сделаться *вашею* любовницей».

На такие слова Вронский реагирует «нежно-укоризненно», восклицая: «— Анна!» Тон Вронского действует на Анну:

— Я прошу *тебя*, я умоляю *тебя*, — вдруг совсем другим искренним и нежным тоном сказала она, взяв его за руку, — никогда не говори со мной об этом! (ч. 2, гл. 23, т. 8: 225).

И Вронский следует за Анной в интимную сферу, созданную обращением на «ты» (и переходом на «близкий» русский):

— Я все обещаю, но я не могу быть спокоен, особенно после того, что ты сказала. Я не могу быть спокоен, когда ты не можешь быть спокойна... (с. 225).

Я остановилась на этом эпизоде, так как в этой смене местоимений *vous — ты* ясно видна вся сложность использования французского языка. Тот или другой язык становится индикатором близости или отчужденности между говорящими. Выбором языка говорящий «выбирает тон», и язык не только определяет само высказывание, но и влечет за собой реакцию слушающего.

Французский язык приходит на помощь и Каренину, когда он должен писать письмо Анне после ее признания в связи с Вронским. В карете, по дороге домой с роковых скачек, Анна открылась мужу, и Каренин считает нужным объявить ей свое «решение» письменно:

Он писал без обращения к ней и по-французски, употребляя местоимение «вы», не имеющее того характера холодности, который оно имеет на русском языке (ч. 3, гл. 14, т. 8: 333).

Французский помогает Каренину выйти из возникшего психологического затруднения. В своем состоянии обманутого мужа он не мог бы заставить себя говорить Анне «ты» (которое, естественно, использовалось между ними раньше, во всяком случае, когда они были вдвоем). Обращение по-русски «ты» к тому же выпало бы полностью из того канцелярского стиля, который сам собой возникает, когда Каренин берется за перо:

При последнем разговоре нашем я выразил вам мое намерение сообщить свое решение относительно предмета этого разговора. Внимательно обдумав все, я пишу теперь с целью исполнить это обещание. [...] Я вполне уверен, что вы раскаялись и раскаиваетесь в том, что служит поводом настоящего письма, и что вы будете содействовать мне в том, чтобы вырвать с корнем причину нашего раздора и забыть прошедшее (с. 333).

Получив письмо мужа и поняв всю неразрешимость ситуации, Анна не в состоянии ответить иначе, чем: «Я получила ваше письмо. А.» (ч. 3, гл. 16, т. 8: 345).

Использование французского имеет роковое значение в конце романа, в седьмой части. Анна и Вронский живут в Москве и обсуждают вопрос, ехать или не ехать в Воздвиженское, имение Вронского. Они говорят по-русски и, естественно, обращаются друг к другу на «ты».

[Анна] — Ты не поверишь, как мне опостылели эти комнаты... (ч. 7, гл. 25, т. 9: 363).

В середине разговора поступает телеграмма из Петербурга, и Анне кажется, что Вронский хочет утаить что-то от нее. Телеграмма от Облонского, который старается, между прочих своих дел, уговорить Каренина дать Анне развод (Анна сама упорно отказывается просить об этом). При виде телеграммы Анна восклицает:

— Почему же ты думаешь, что это известие так интересует меня, что надо даже скрывать? (с. 364)

Еще одна ссора разгорается снова между Вронским и Анной (они ссорились и накануне), но они продолжают говорить на русском. Анна вдруг нападает на мать Вронского и отзывается о ней оскорбительно, на что Вронский отвечает:

— Анна, я прошу тебя не говорить неуважительно о моей матери (с. 366).

Тут их разговор обрывается приходом Яшвина, друга Вронского, и во время визита Яшвина Анна и Вронский не обращаются друг к другу. Ситуация опять меняется, когда приходит покупатель жеребца Вронского. Анна выходит из комнаты и затем видится с Вронским только перед его отъездом из дома. Тогда она обращается к нему по-французски:

— Что вам надо? — спросила она его по-французски (с. 367).

Ее «холодный взгляд» и обращение по-французски вызывают ответную холодность Вронского, и он сообщает коротко: «— Взять аттестат на Гамбетту, я продал его». Но *мысленно* он тоже продолжает диалог на отчуждающем французском: «Я ни в чем не виноват пред нею. Если она хочет себя наказывать, tant pis pour elle» (с. 368). Однако, уже на выходе, Вронскому вдруг кажется, что Анна сказала что-то, и «сердце его дрогнуло от состраданья к ней».

— Что, Анна? — спросил он.
— Я ничего, — отвечала она так же холодно и спокойно.

«А ничего, так tant pis», — подумал он, опять похолодев, повернулся и пошел (с. 368).

Французское *tant pis* (со значением «тем хуже», но с коннотациями «мне все равно», «если уж так хочешь...») служит для Вронского языковой броней, которая защищает его от колких слов Анны и отстраняет от собственных чувств.

Анна и Вронский не видят друг друга больше в тот день, но на следующее утро Вронский старается приблизить ее к себе и спрашивает: «— Как твоя голова, лучше?» (ч. 7, гл. 26, т. 8: 371). Однако когда он поднимает вопрос о поездке в имение, его тут же обрывает отчужденное «вы» Анны.

[Вронский] — Да, кстати, завтра мы едем решительно? Не правда ли?

[Анна] — Вы, но не я.

Вронский старается пробить ее панцирь:

— Анна, эдак невозможно жить...

Но Анна только повторяет:

— Вы, но не я.

В отчаянии Вронский кричит:

— Это становится невыносимо!

На что Анна отвечает прямой угрозой:

— Вы... вы раскаетесь в этом.

Это последние слова, сказанные между ними.

Последние два диалога между Анной и Вронским обнаруживают, что *одно слово* (французское «вы» Анны) влечет за собой другое, по тону соответствующее («tant pis» Вронского), таким образом углубляя разрыв между героями и постепенно приводя их к полному отчуждению.

Как мы видели, во всех упомянутых здесь эпизодах переход на французский язык объясняется разными причинами, и только обращение к контексту — как узкому, так и, шире, «романному» — проясняет подлинную роль языкового многоголосия в «Анне Карениной».

Между «tant mieux» («тем лучше»), сказанным матерью Вронского по поводу его любовной жизни, и «tant pis» («тем хуже») самого Вронского разыгрывается целый роман.

Однако одно можно с уверенностью сказать: французский язык существенно обогащает языковую палитру Толстого и служит построению особого смыслового пространства, не достижимого средствами только русского языка.

СМЫТЬ ГРЯЗЬ

Описывая Анну в последний ее день, Толстой специально замечает, что Анна такая же красивая, как раньше. Мы видим ее глазами Кити, которую Анна встречает у Долли, когда она в растерянности от ссоры с Вронским решила поехать к Облонским:

> Кити была смущена тою борьбой, которая происходила в ней, между враждебностью к этой дурной женщине и желанием быть снисходительною к ней; но как только она увидала *красивое, симпатичное лицо Анны*, вся враждебность тотчас же исчезла (ч. 7, гл. 28, т. 9: 378).

Когда Анна ушла, Кити все еще находится под обаянием внешней привлекательности Анны:

> — Все такая же и *так же привлекательна*. Очень хороша! — сказала Кити, оставшись одна с сестрой.

Но Долли чувствует, что с Анной «нынче что-то особенное».

Визит к Облонским подтверждает, что то отталкивающее и мерзкое, что преследует Анну во время ее последней поездки по Москве и потом на железной дороге, — лишь «выведение вовне» *внутреннего ощущения* самой Анны. Ее внутренний монолог во время поездки по Москве — настоящий толстовский *tour de force*: во внешних деталях, которые привлекают внимание Анны, сложным образом раскрывается ее душевное состояние.

Монолог развертывается вокруг *чистого и грязного*. Но перед тем как перейти к его анализу, посмотрим, как преломляется мотив чистота/грязь в сюжетной линии Вронского и Анны.

Мы узнаем о графе Вронском (ч. 3, гл. 19), что он «раз пять в год, уединялся и приводил в ясность все свои дела. Он называл это посчитаться, или faire la lessive». Французское выражение означает буквально «сделать стирку», т. е. чистить свое грязное белье. «Грязь», которую Вронский должен «вычищать», состоит в основном из долгов, и особенно из долгов его товарищей по полку, сделанных ими в карточной игре. Долг сам по себе — это еще не пятно на чести. Вронский, например, не считает нужным спешить с уплатой «в магазины, в гостиницы и портному». Все зависит от кредитора, от того, кто он, чернит ли *связь* и знакомство с ним самого должника. Поэтому Вронский хочет как можно скорее избавить себя и своих товарищей от долга одному игроку-«шулеру»:

> [...] две тысячи пятьсот поручительство за молодого товарища Веневского, который при Вронском проиграл эти деньги шулеру. Вронский тогда же хотел отдать деньги (они были у него), но Веневский и Яшвин настаивали на том, что заплатят они, а не Вронский, который и не играл. Все это было прекрасно, но Вронский знал, что *в этом грязном деле*, в котором он хотя и принял участие только тем, что взял на словах ручательство за Веневского, ему необходимо иметь эти две тысячи пятьсот, чтобы их бросить мошеннику и не иметь с ним более никаких разговоров (ч. 3, гл. 19, т. 8: 356).

«Посчитаться», т. е. *определить*, с кем быть связанным долгом, для Вронского имеет характер такой же очищающей процедуры, как ходить в баню и основательно мыться. Это хорошо заметил его приятель Петрицкий:

> — Твоя стирка нынче долго продолжалась, — сказал Петрицкий. — Что ж, кончилось?
>
> — Кончилось, — отвечал Вронский, улыбаясь одними глазами и покручивая кончики усов так осторожно, как будто после того порядка, в который приведены его дела, всякое слишком смелое и быстрое движение может его разрушить.
>
> — Ты всегда после этого *точно из бани*, — сказал Петрицкий (ч. 3, гл. 21, т. 8: 361).

Однако связь с Анной полностью разрушает порядок жизни Вронского. Его спокойствие поколеблено не столько страстью, сколько чувством *неопределенности*, которую эта *liaison* вносит в его жизнь. Толстой ясно дает нам понять, что «жизнь Вронского тем была особенно счастлива, что у него был *свод правил*, несомненно определяющих все, что *должно* и *не должно* делать» (с. 358). Всякий раз, когда Вронский сталкивается с нарушением этих правил, это приводит его к растерянности. Самый серьезный удар по спокойствию Вронского наносит известие о том, что Анна беременна, что от их связи родится ребенок. Проблема *узаконивания* связи с Анной становится для Вронского со временем самой важной, заслоняющей все прочие. Не меньшую роль в этом стремлении узаконить отношения играет сознание того, что его дочь — *чужая* ему, она не его ребенок по закону, она носит имя мужа Анны, Каренина. Именно этот аргумент выдвигается на первое место в его разговоре с Долли Облонской, когда та посещает Воздвиженское, имение Вронского:

> — Я вижу, что она счастлива [...]. Но может ли это так продолжаться? [...] Мы соединены самыми святыми для нас узами любви. У нас есть ребенок, у нас могут быть еще дети. Но закон и все условия нашего положения таковы, что являются тысячи компликаций, которых она теперь, отдыхая душой после всех страданий и испытаний, не видит и не хочет видеть. И это понятно. Но я не могу не видеть. Моя дочь по закону — не моя дочь, а Каренина. Я *не хочу этого обмана*! [...] И завтра родится сын, мой сын, и он по закону — Каренин [...] и сколько бы у нас ни было детей, *между мною и ими нет связи* (ч. 6, гл. 21, т. 9: 226—227).

Старания Вронского *привести в порядок* свою жизнь, т. е. добиться развода Анны, чтобы жениться на ней, своеобразно обыгрываются *в образах чистоты* при описании жизни в имении Воздвиженское.

Сразу после вселения Вронский начал большую работу по обновлению усадьбы, он старается заменить все старое новым, он строит, он чистит.

> Обойдя творило, из которого рабочие набирали известку, он [Вронский] остановился с архитектором и что-то горячо стал говорить.
>
> — Фронтон все выходит ниже, — ответил он Анне, которая спросила, в чем дело.
>
> — Я говорила, что надо было фундамент поднять, — сказала Анна.
>
> — Да, разумеется, лучше бы было, Анна Аркадьевна, — сказал архитектор, — да уж упущено.
>
> — Да, я очень интересуюсь этим, — отвечала Анна Свияжскому, выразившему удивление к ее знаниям по архитектуре. — Надо, чтобы новое строение соответствовало больнице. А оно придумано после и начато без плана (ч. 6, гл. 20, т. 9: 223).

Строительство больницы образует как бы символическую параллель связи между Вронским и Анной. Символично то, что верхний этаж уже готов, хотя в нижнем еще работают: «Несмотря на то, что снаружи еще доделывали карнизы и в нижнем этаже красили, в верхнем уже почти все было отделано» (с. 223). Так же обстоит дело в отношениях Анны и Вронского: они уже живут как муж и жена, хотя развод Анны не получен и брак не освящен. Слова Анны «надо было фундамент поднять», сказанные о новой постройке, могут в этом контексте читаться как комментарий к «сооружению» ее брака с Вронским, под которым тоже «не заложен фундамент» и который также «начат без плана». Символика больницы раскрывается яснее, когда становится известно, что там не будет *родильного* отделения.

> — Да, я думаю, что это будет в России единственная вполне *правильно устроенная* больница, — сказал Свияжский.
>
> — А не будет у вас родильного отделения? — спросила Долли. — Это так нужно в деревне. Я часто...
>
> Несмотря на свою учтивость, Вронский перебил ее.
>
> — Это *не родильный дом*, но больница (с. 224).

Дело в том, что вопрос о потомстве к этому времени уже стал яблоком раздора между Анной и Вронским. Когда Долли гостит в Воздвиженском, она узнает не только о желании Вронского узаконить свою дочь, она также понимает, что Анна отказывается рожать детей и к тому же утаивает это от Вронского, тем самым внося в их отношения ложь. Долли старается уговорить Анну писать Каренину и просить развода, и ее главный аргумент — дети должны «иметь имя»:

> — Ну, и самое законное — он хочет, чтобы дети ваши имели имя.
>
> — Какие же дети? — не глядя на Долли и щурясь, сказала Анна.
>
> — Ани и будущие...
>
> — Это он может быть спокоен, у меня не будет больше детей (ч. 6, гл. 23, т. 9: 239).

И Анна открывает Долли тайну о возможности не беременеть. Это возбуждает в Долли удивление и сомнение в правильности такого решения:

> — N'est-ce pas immoral? — только сказала она, помолчав.

Анна защищается тем, что она должна быть «красива и весела»:

> — Ты пойми, я не жена; он любит меня до тех пор пока любит. И что ж, чем я поддержу его любовь? Вот этим?
>
> Она вытянула белые руки пред животом (с. 240).

Беременность для Анны связана с потерей привлекательности, и дети, включая ее собственную дочь, все меньше и меньше интересуют ее. Она старается *рационально* объяснить, почему она не может рожать детей:

> — Как я могу желать детей? Я не говорю про страдания, я их не боюсь. Подумай, кто будут мои дети? Несчастные дети, которые будут носить чужое имя. По самому своему рождению они будут поставлены в необходимость стыдиться матери, отца, своего рождения. [...] *Зачем же мне дан разум*, если я не употреблю его на то, чтобы не производить на свет несчастных? (с. 240—241)

«Стыдиться матери», — говорит Анна, сама признавая свою греховность. Она отводит аргументы Долли, объясняя, что та не может ее понять, так как она *чистая*:

> — Ты не можешь *со своею чистотой* понять всего того, чем я страдаю (с. 243).

Анна считает себя виноватой перед Карениным, и это чувство делает всякое общение с ним мучительным:

> — Это значит, мне, ненавидящей его, но *все-таки признающей себя виноватою* пред ним [...] мне унизиться писать ему... Ведь он [сын] вырастет, презирая меня, *у отца, которого я бросила* (ч. 6, гл. 24, т. 9: 243).

Она предпочитает буквально *закрывать глаза* на самое главное (что выражается в ее все возрастающей привычке *щуриться*) и отдаваться все новым и новым развлечениям. Знаменательно, что одно из этих развлечений — сочинение *детской книги*, т. е. создание фикции. В то же время Анна начинает заботиться о *чужой* девочке, англичанке Ганне. Ее близкие и друзья удивляются этому. Брат Степан Аркадьич говорит: «Кончится тем, что ты ее будешь любить больше своей» (с. 308). Приятель Воркуев жалуется, что Анна не уделяет внимание *русским* детям:

> — Я вот говорю Анне Аркадьевне [...] что если б она положила хоть одну сотую той энергии на общее дело воспитания русских детей, которую она кладет на эту англичанку, Анна Аркадьевна сделала бы большое, полезное дело (ч. 7, гл. 10, т. 9: 308—309).

Но Анна объясняет свое отсутствие интереса тем, что она не может «полюбить целый приют с *гаденькими* девочками» (с. 309).

Увлечение Анны чужим ребенком углубляет расхождение ее с Вронским. Анна обвиняет Вронского в том, что он видит в ее любви к Ганне «притворство»:

— Ты ведь говорил вчера, что я не люблю дочь, а притворяюсь, что люблю эту англичанку, что это *ненатурально* (ч. 7, гл. 24, т. 9: 360).

Именно эти слова, произнесенные Анной, — *притворство*, *ненатурально* — начинают преследовать ее саму и определенным образом окрашивают ее восприятие всего окружающего.

Когда речь заходит в очередной раз о необходимости развода, и Вронский объясняет, что это нужно «для тебя и для детей, которые будут» (ч. 7, гл. 25, т. 9: 365), Анна отрезает: «Детей не будет». Она уже не способна выйти из очерченного ею заколдованного круга: «Его желание иметь детей она объясняла себе тем, что он не дорожил ее красотой». По ее логике, забота Вронского о потомстве означает, что он охладел к ней, что она уже не может привлечь его, что она стала ему *противна*:

Отпив несколько глотков, она взглянула на него и по выражению его лица ясно поняла, что ему противны были рука, и жест, и звук, который она производила губами (с. 365).

Осознание своей «противности», представление о том, что она вызывает чувство гадливости, берут верх над другими чувствами и мыслями Анны. В одиночестве она начинает воображать оскорбительные слова Вронского:

Все самые жестокие слова, которые *мог сказать* грубый человек, он сказал ей *в ее воображении*, и она не прощала их ему, как будто он действительно сказал их (ч. 7, гл. 24, т. 9: 368—369).

Запутанность ее мыслей еще усиливается от того, что она в последнюю ночь принимает двойную дозу опиума, что приводит к кошмару. Утром Анна встала как в тумане и «не могла понять теперь, как она могла унизиться до того, чтобы пробыть целый день с ним в его доме» (с. 371).

Ее кружение по Москве после расставания с Вронским выглядит бегством от него и одновременно погоней за ним, попыткой уловить его, связаться с ним. В том внутреннем монологе, который развертывается во время этой поездки, мысли Анны, на поверхности бессвязные, будто машинально воспроизводящие то, что она видит вокруг себя, на глубинном уровне *все* касаются ее связи с Вронским, их совместной жизни. В душе Анны борется ощущение «грязной жизни» с воспоминанием о потерянной чистоте.

Когда Анна читает вывеску «Филиппов, калачи», она вспоминает о выпекании хлеба («они возят тесто из Петербурга») и о том, что для этого нужна хорошая, *чистая вода* («мытищинские колодцы»). Местность Мытищи ассоциируется с воспоминанием о поездке туда и далее в Троице-Сергиеву Лавру и о ее *чистой молодости*, до грехопадения:

> Неужели это была я, с красными руками? Как многое из того, что тогда мне казалось так прекрасно и недоступно, стало ничтожно, а то, что было тогда, теперь навеки недоступно. Поверила ли бы я тогда, что могу дойти до такого унижения? (ч. 7, гл. 28, т. 9: 375—376).

Название Мытищи (окказионально семантически связанное с «мытьем»)[1] и упоминание монастыря наводят на мысль о возможности «омовения от грехов».

Совместная жизнь с Вронским в его имении всплывает подсознательно, когда в поле зрения Анны попадают какие-то постройки («Как дурно пахнет эта краска. Зачем они все красят и строят?»). Тут вспоминается «строительная деятельность» в имении Вронского и слова Анны при показе постройки ее невестке Долли: «Теперь надо идти одеваться. [...] Мы все *испачкались* на постройке» (ч. 6, гл. 22, т. 9: 229). Переодевание Анны все-таки не избавляет ее от внутреннего, подсознательного чувства испачканности.

Другая вывеска, которая подспудно вызывает у Анны образ Вронского, — «Тютькин, coiffeur». Она продолжает мысленно: «Je me fais coiffer par Тютькин... Я это скажу *ему*, когда он приедет» (с. 380). Но тут же Анна вспоминает, что Вронский уехал из города и что «ей некому теперь говорить ничего смешного». Она размышляет, что и вообще «ничего смешного, веселого нет. Все *гадко*». Но фамилия *Тютькин* не оставляет ее. Она всплывает в памяти опять при виде *собаки*, которую везет с собой в коляске веселая компания. И Анна вспоминает «выражение лица его, напоминающее покорную легавую собаку, в первое время их связи» (с. 382)[2].

---

[1] Название *Мытищи* становится «говорящим» благодаря упоминанию колодцев. Местность славилась в свое время и *банями*. Этимологически название местности, скорее, связано со словом *мыто*, — с местом, где платили пошлину.

[2] Князь Щербацкий называет «тютьками» светских петербургских юношей и относит Вронского к той же породе: «Этот франтик петербургский, их на машине делают, они все на одну стать, и все дрянь» (ч. 1, гл. 15, 22, т. 8: 70, 94). Значение *тютька/тютьки* как «щенок, собачка», см.: Даль, т. 4, с. 452.

Еще раньше, в этот же день, когда Анна ожидала возвращения Вронского, это ожидание вылилось у нее в озабоченность своей прической (т. е. coiffure):

> «Но что, если он не приедет? Нет, этого не может быть. Надо, чтобы он не видел меня с заплаканными глазами. *Я пойду, умоюсь.* Да, да, *причесалась ли я*, или нет?» — спросила она себя. И не могла вспомнить. Она ощупала голову рукой. «Да, *я причесана*, но когда, решительно не помню». Она даже не верила своей руке и подошла к трюмо, чтоб увидать, *причесана ли она* в самом деле или нет? Она *была причесана* и не могла вспомнить, когда она это делала (ч. 7, гл. 28, т. 9: 373).

Настойчивая забота о прическе предваряет эпизод с вывеской парикмахера Тютькина, привлекшей внимание Анны и вызвавшей все последующие ассоциации.

Когда Анна видит двух улыбающихся девушек, она спрашивает себя, о чем они могут думать, и сразу возвращается к теме потерянной непорочности («Верно, о любви? Они не знают, как это невесело, как *низко...*» (с. 376)).

Во время визита к Облонским и встречи с Кити, которая теперь стала женой и кормящей матерью, Анна чувствует себя еще более омерзительной. И хотя Кити не выказывает Анне никакой враждебности, Анна не может не уколоть ее, не причинить ей хоть какую-то боль.

> — Да, я очень рада, что увидала вас, — сказала она с улыбкой. — Я слышала о вас столько со всех сторон, даже от вашего мужа. Он был у меня, и он мне очень понравился, — очевидно, с дурным намерением прибавила она (ч. 7, гл. 28, т. 9: 378).

Однако когда Анна выезжает от Облонских, Кити выступает в ее мыслях как судья: «В ее глазах я *безнравственная* женщина». Но Анна сразу оправдывает себя: «Если б я была безнравственная женщина, я бы могла влюбить в себя ее мужа... если бы хотела». И продолжает с угрозой, с вызовом: «Да я и хотела» (ч. 7, гл. 29, т. 9: 379).

Анна признает, что ее связь с Вронским основывается на плотской любви («Если б я могла быть чем-нибудь, кроме любовницы, страстно любящей одни его ласки; но я не могу и не хочу быть ничем другим» (с. 383)), и сама осуждает это. Она обвиняет себя в том, что она могла оставить сына, Сережу, и удовлетворяться «той любовью»:

> И она *с отвращением* вспомнила про то, что называла той любовью (ч. 7, гл. 30, т. 9: 384).

«*Та любовь*» связывается у Анны со сладостями, и при виде двух мальчиков, которые едят мороженое, она рассуждает:

> Вот им хочется этого *грязного* мороженого [...] — думала она, глядя на двух мальчиков [...] — Всем нам хочется сладкого, вкусного. Нет конфет, то *грязного* мороженого. И Кити так же: не Вронский, то Левин (ч. 7, гл. 29, т. 9: 380).

Но не только мороженое стало «грязным» в восприятии Анны, все съестное сделалось для Анны таким противным, что она в свой последний день не может ничего брать в рот.

> Обед стоял на столе; она подошла, понюхала хлеб и сыр и, убедившись, что *запах всего съестного ей противен*, велела подавать коляску и вышла (ч. 7, гл. 29, т. 9: 381).

Потеря всякого аппетита — конкретное проявление изменившегося чувства Анны к Вронскому:

> — Мы с графом Вронским также не нашли *этого удовольствия*, хотя и много ожидали от него. [...] Он взял от меня все, что мог, и теперь я не нужна ему. [...] Он любит меня — но как? *The zest is gone* (ч. 7, гл. 30, т. 9: 382).

Видя наездника на манежной лошади, Анна размышляет: «Да, *того вкуса* уж нет для него во мне» (с. 382).

Состояние отвращения ко всему окружающему овладевает Анной в полной мере на железнодорожной станции.

> Сидя на звездообразном диване в ожидании поезда, она, *с отвращением* глядя на входивших и выходивших (все *они были противны* ей), думала то о том, как она приедет на станцию, напишет ему записку и чтó она напишет ему, то о том, как он теперь жалуется матери (не понимая ее страданий) на свое положение [...] (ч. 7, гл. 30, т. 9: 384).

Все, что она видит вокруг себя, кажется ей уродливым, гадким, и она воображает, что и сама возбуждает в других гадкие, грязные мысли: «какие-то молодые мужчины, уродливые, наглые [...] и один что-то шепнул об ней другому, разумеется, что-нибудь *гадкое*» (ч. 7, гл. 31, т. 9: 385).

Ее ощущение своей «испачканности» передается нам через конкретную деталь. Когда Анна входит в купе, диван, на который она садится, — «пружинный, *испачканный*, когда-то белый». И дорожный мешок, который был при ней, «вздрогнув на пружинах, улегся». Даже мешок как будто отшатывается от испачканного дивана. Так же Анна в следующую минуту отшатывается от окна при виде «*испачканного* уродливого мужика в фуражке, из-под которой торчали спутанные волосы» (с. 385). Мужик напоминает ей сон, давно мучающий ее страшный кошмар. Она хочет выйти, но в тот момент в купе входит чета — «и муж и жена казались *отвратительны* Анне». Сопоставление «муж и жена» возвращает Анну в старую колею: «Анна ясно видела, как они надоели друг другу и как ненавидят друг друга. И нельзя было не ненавидеть таких жалких *уродов*» (ч. 7, гл. 31, т. 9: 386). Общение «внутренней» Анны с внешним миром, т. е. проецирование вовне ее чувств, вдруг получает обратное движение: слова, произнесенные вошедшей в купе дамой, неожиданно затрагивают что-то в глубине души Анны:

> — На то дан человеку разум, чтобы избавиться от того, что его беспокоит, — сказала по-французски дама [...] гримасничая языком (с. 386).

Похожим образом Анна в свое время в разговоре с Долли оправдывала решение не рожать детей Вронскому:

> — Зачем же мне дан разум, если я не употреблю его на то, чтобы не производить на свет несчастных? (ч. 6, гл. 23, т. 9: 241).

Теперь Анна сама уже входит в число «несчастных», и сказанные дамой слова вдруг дают ей понимание новой возможности:

> Да, очень беспокоит меня и на то дан разум, чтоб избавиться; стало быть, надо избавиться. Отчего же не потушить свечу, когда смотреть больше не на что, когда *гадко* смотреть на все это? (ч. 7, гл. 31, т. 9: 386—387).

Чувство гадливости все усиливается у Анны, и когда она выходит из вагона, она уже сторонится других пассажиров, «как от *прокаженных*» (с. 387). Люди вокруг нее кажутся ей «безобразными», «не оставляющими ее в покое». От этих пристающих к ней и безобразных людей Анна старается убежать.

> Молодые люди не оставляли ее в покое. Они опять, заглядывая ей в лицо и со смехом крича что-то *ненатуральным* голосом, прошли мимо (с. 388).

Она доходит до конца платформы, останавливается у самого края, и в тот момент подъезжает товарный поезд. Анна вспоминает день своей первой встречи с Вронским и раздавленного поездом человека. Она решается: «Туда! [...] туда, на самую середину, и я накажу его и *избавлюсь* от всех и от себя»[3].

Чувство, которое овладевает Анной, перед тем как она бросится под колеса, подобно тому, которое она испытывала перед купанием.

> Надо было ждать следующего вагона. Чувство, подобное тому, которое она испытывала, когда, купаясь, готовилась войти в воду, охватило ее и она перекрестилась (с. 388).

Образ воды в сочетании с крестным знамением возвращает нас к ассоциациям ряда «мытищинские колодцы-монастырь» (чистота молодости) в начале поездки Анны. Такой ассоциативный путь проходят и чувства Анны:

> Привычный жест крестного знамения вызвал в душе ее целый ряд *девичьих и детских* воспоминаний [...] и жизнь предстала ей на мгновение со всеми ее светлыми прошедшими радостями (с. 388).

Крестное знамение действует как жест возвращения к невинности, к непорочной молодости[4]. Вода — крещение — смерть, — культурно насыщенный нерасчленимый символ жажды очищения. Выбирая смерть, Анна тем самым *избавляется* от своей испачканной телесной оболочки, сбрасывает ее как нечто ненужное, — как она только что отбросила свой красный дорожный мешочек, символическое вместилище ее жизни.

---

[3] Многократное повторение слова «избавиться» в этом контексте как бы возвращает слову его изначальный смысл «перестать существовать» (ср. *бавить*: «делать так, чтобы что-то существовало, откуда: чтобы пребывало, продолжалось, не прекращалось, задерживалось» (Этимологический словарь русского языка / Сост. А. Преображенский. Т. 1. М., 1910—1914: 11).

[4] Креститься входило в русский ритуал «вхождения в воду». Известна следующая приговорка: «Троица велела, / Богородица велела, / Трижды окунуться — / Нырком пройти / И из-под воды вон уйти» (Капица 1928: 75).

«МЕДВЕЖИЙ» БРАК, ЗАКЛЮЧЕННЫЙ НА НЕБЕ

После зазимье, свадебник месяц,
В медвежьем тулупе едет невеста,
Свадьбы справляешь,
Глухарями украсив
Тройки дугу.

Велимир Хлебников

О промысл пчельных хоботков!

Василий Тредиаковский

В то время как любовная история Анны с Вронским воплощается в символах железа и огня, а их быт оформляется искусственно и на чужом языке, сватовство Левина и его брак с Кити Щербацкой получают совершенно иное образное развитие. Ассоциативно богатый мотив, который можно назвать «медвежьим», сопутствует всему трудному пути сватовства и брака Левина. Этот мотив втягивает в свое семантическое поле также и другие сложные образные комплексы, такие, как метафорическая символика небесных светил и пчелиной «охоты». «Медвежья» метафора восходит корнями в глубокие фольклорные представления, но в процессе символизации преобразуется, меняет свой облик, хотя и сохраняет смысловую определенность.

Левина мы встречаем в первый раз, когда он из деревни приехал в Москву с намерением сделать предложение младшей сестре в семье Щербацких. Читатель узнает, что во время студенчества «Левин часто бывал в доме Щербацких и влюбился в дом Щербацких. Как это ни странно может показаться, но Константин Левин был влюблен именно в дом, в семью, в особенности в женскую половину семьи Щербацких» (ч. 1, гл. 6, т. 8: 31).

Левин лишился матери в раннем возрасте, и только у Щербацких он «увидал среду старого дворянского, образованного и честного семейства», которое он и сам мечтает создать в своем браке. Но женщи-

7 — 3806

ны для него еще живут «покрытыми какою-то таинственною, поэтическою завесой, и он не только не видел в них никаких недостатков, но под этою поэтическою, покрывавшею их завесой предполагал самые возвышенные чувства и всевозможные совершенства» (с. 31).

Узнав, что Кити Щербацкая находится на катке «в Зоологическом саду», Левин спешит туда, чтобы встретиться с ней. На дорожке, ведущей к катку, Левина встречают деревья в снегу, образ которых как будто воплощает его мечту о невесте под фатой: «кудрявые березы сада, обвисшие всеми ветвями от снега, казалось, были разубраны в новые торжественные ризы» (ч. 1, гл. 9, т. 9: 38). Однако праздничное настроение Левина упало, после того как он, поддавшись воодушевлению, проговорился о своих чувствах. Катаясь вместе с Кити, он от радости произносит фразу «я уверен в себе, когда вы опираетесь на меня». Это вызывает недовольство Кити, которая в его словах слышит намек на их близость. Она морщит лоб и посылает Левина к гувернантке, Mlle Linon. Гувернантка начинает разговор о том, как быстро дети растут, и говорит о Кити:

> Tiny bear уже стал большой! (ч. 1, гл. 9, т. 8: 41).

Этими словами (tiny bear) она напоминает Левину, как он когда-то в шутку сравнивал сестер Щербацких с тремя медведями из «английской сказки»[1]. Но тут на катке Левин не может вспомнить, что он так называл сестер Щербацких («Он решительно не помнил этого»), сказочный образ выскочил из его головы. Так же выскальзывает из его рук Кити. Она отвергает его предложение в этот вечер словами «этого не может быть... простите меня...». Левин возвращается в свое имение.

Однако сравнение Кити с «медведицей» продолжает жить в романе. Этот образ появляется снова, когда к Левину в деревню приезжает Стива Облонский, муж сестры Кити. О судьбе Кити после их

[1] Имеется в виду, конечно, сказка *The Three Bears*, сегодня более известная как *Goldilocks and the three Bears*, которую Толстой перевел в 1870-е годы и включил в свою *Азбуку* под названием *Три медведя*. Как известно, медведи, как и все вещи, связанные с ними, отличаются в сказке друг от друга по величине — от маленького (tiny) до большого. Любопытное текстуальное подтверждение тому, что сказка актуальна для Толстого и на уровне описания, находим в тексте о сестрах Щербацких, где они представлены от старшей к младшей по длине их *шубок*: «...подъезжали в коляске к Тверскому бульвару в своих атласных шубках — Долли *в длинной*, Натали *в полудлинной*, а Кити *в совершенно короткой*, так что статные ножки ее в туго натянутых красных чулках были на всем виду» (ч. 1, гл. 6, т. 8: 31).

расставания Левин ничего не знает: ни того, что Вронский не сделал ей предложения, ни того, что Кити заболела. Левин и Облонский едут на охоту. Когда вечереет, они все еще в лесу:

> Стало темнеть. Ясная серебряная Венера низко на западе уже сияла из-за березок своим нежным блеском, и высоко на востоке уже переливался своими красными огнями мрачный Арктурус. Над головой у себя *Левин ловил и терял звезды Медведицы*. Вальдшнепы уже перестали летать; но Левин решил подождать еще, пока видная ему ниже сучка березы Венера перейдет выше его и *когда ясны будут звезды Медведицы*. Венера перешла уже выше сучка, *колесница Медведицы с своим дышлом была уже вся видна* на темно-синем небе, но он все еще ждал (ч. 2, гл. 15, т. 8: 195).

Левин смотрит на небо и ловит глазами звезды «колесницы Медведицы», Большой Медведицы, Ursa Major. Знаменательны глаголы *ловил* и *терял*. Левин как будто охотится за созвездием. Толстой позволяет нам вникнуть в подсознание Левина: оживает связь слов «tiny bear уже стал большой» с Большой Медведицей; актуализируется охота, подсказанная той реальной охотой, в которой он участвует. На звездном небе Левина *Медведица* к тому же связывается с двумя звездами: с одной стороны — это Арктурус, т. е. *Арктур*, страж Большой Медведицы в созвездии Волопаса, с другой — *Венера*, богиня любви. Эти звезды, таким образом, представляют собой как бы космические ипостаси Левина и его состояния: сам Левин — *Арктур* (еще «мрачный», но полон «красным огнем», к тому же он и «медведь», греч. ʼάρκτος), Кити — *Медведица* (которая уже стала *большой*), наконец, любовь Левина к Кити ипостасируется в образе *Венеры*.

Процитированный отрывок, который на поверхностном уровне воспринимается как описание наступающей ночи, на глубинном уровне дает нам ключ к пониманию душевного состояния Левина и его чувства к Кити, которое он загнал в подсознание. Оттуда оно вырывается, когда Левину предстает картина звездного неба:

> — Не пора ли? — сказал Степан Аркадьич.
>
> В лесу было тихо, и ни одна птичка не шевелилась.
>
> — Постоим еще, — отвечал Левин.
>
> — Как хочешь.
>
> Они стояли теперь шагах в пятнадцати друг от друга.
>
> — Стива! — *вдруг неожиданно сказал Левин*, — что ж ты мне не скажешь, *вышла твоя свояченица замуж или когда выходит*? (ч. 2, гл. 15, т. 8: 195—196).

Вопрос Левина неожидан только для *сознательного* Левина. В глубине же его подсознания вопрос уже предварен видом звездного неба. Значение Медведицы (Кити) на небосводе внушено читателю троекратным повторением слова *Медведица* (в последний раз в сочетании со словом *колесница*).

Через эту колесницу, *форму* созвездия, проходит связь к следующему звену в цепи «медвежьих» образов, в которых развивается история Левина и Кити. Медведица превращается теперь в колесницу, и появляется эта колесница-коляска именно тогда, когда Левин опять находится в смятении и неведении, что ему делать в жизни. Происходит это утром после ночи, проведенной на сенокосе:

> Но третий ряд мыслей вертелся на вопросе о том, как сделать этот переход от старой жизни к новой. И тут ничего ясного ему не представлялось. «Иметь жену? Иметь работу и необходимость работы? Оставить Покровское? Купить землю? Приписаться в общество? Жениться на крестьянке? Как же я сделаю это?» — опять спрашивал он себя и не находил ответа (ч. 3, гл. 12, т. 8: 324—325).

При этих мыслях Левин вдруг поднимает голову и смотрит на небо. Там он видит облачко в форме «перламутровой раковины». Он удивляется тому, как быстро образовалась раковина: «Да, вот так-то незаметно изменились и мои взгляды на жизнь!» (с. 325). Однако раковина на небе не случайна. Она вызывает в памяти сцену охоты в лесу, когда на звездном небе появилась *Венера*. Как известно, богиня любви Венера родилась из раковины, и в этом эпизоде небесная раковина играет роль трансформированной Венеры. Появляется и ее спутница — Медведица в форме колесницы, но уже превращенной во вполне земную карету:

> Пожимаясь от холода, Левин быстро шел, глядя на землю. «Это что? кто-то едет», — подумал он, услыхав бубенцы, и поднял голову. В сорока шагах от него, ему навстречу, по той большой дороге-муравке, по которой он шел, ехала четверней карета с важами. *Дышловые* лошади жались от колей на *дышло*, но ловкий ямщик, боком сидевший на козлах, держал *дышлом* по колее, так что колеса бежали по гладкому (ч. 3, гл. 12, т. 8: 325).

Примечательно настойчивое повторение слова *дышло* (три раза в одном предложении), — детали коляски, используемой для сцепления лошадей при парной запряжке. Слово *дышло* возвращает нас к тому видению колесницы Медведицы («колесница Медведицы *со своим дышлом*) на звездном небе, которое побудило Левина задать вопрос о судьбе Кити. И хотя тут появляется слово *карета* (что соответствует реальному плану повествования), однако и *колесница* присутствует в ключевой фразе: «от *колей*... по *колее*... *колеса* бежали». Но теперь реальны как коляска, так и «медведица», сидящая внутри нее. В карете находится Кити.

> В карете дремала в углу старушка, а у окна, видимо только что проснувшись, сидела молодая девушка, держась обеими руками за ленточки белого чепчика. *Светлая* и задумчивая, вся исполненная изящной и сложной внутренней, чуждой Левину жизни, она смотрела через него на зарю восхода.
>
> В то самое мгновение, как виденье это уж исчезало, правдивые глаза взглянули на него. Она узнала его, и удивленная радость *осветила* ее лицо.
>
> Он не мог ошибиться. Только одни на *свете* были эти глаза. Только одно было на *свете* существо, способное сосредоточивать для него весь *свет* и смысл жизни. Это была она. Это была Кити. Он понял, что она ехала в Ергушово со станции железной дороги. И все то, что волновало Левина в эту бессонную ночь, все те решения, которые были взяты им, все вдруг исчезло. (ч. 3, гл. 12, т. 8: 325—326).

Как настойчивый напев, звучит через весь отрывок слово *свет*: «светлая... осветила ее лицо... одни на свете эти глаза... одно на свете существо... для него весь свет и смысл жизни». Кити играет в жизни Левина роль источника света[2].

Следующее звено в «медвежьей цепи» появляется, когда Левин уже успел побывать за границей и возвратился в Москву. К нему в гостиницу приходит Степан Аркадьич с приглашением на обед в дом Облонских. Их встреча описывается следующим образом:

> Левин стоял с тверским мужиком посредине номера и аршином мерил свежую медвежью шкуру, когда вошел Степан Аркадьич.
>
> — А, убили? — крикнул Степан Аркадьич. — *Славная штука*! *Медведица*? (ч. 4, гл. 7, т. 8: 439).

---

[2] Этот свет, исходящий от Кити, еще усиливается после того, как она стала матерью: «Взгляд ее, и так светлый, еще больше светлел по мере того, как он [Левин] приближался к ней. На ее лице была та самая перемена от земного к неземному, которая бывает на лице покойников; но там прощание, а здесь встреча» (ч. 7, гл. 16, т. 9: 329).

Свет связан у Толстого с любовью — в противоположность *блеску*, который, скорее, выражает страсть (любовный огонь внутри Анны прорывается «блеском в ее глазах»).

Левин приехал в Москву после удачной охоты на медведя и привез с собой медвежью шкуру. Степан Аркадьич замечает по этому поводу:

> — Но я рад, что ты в бодром духе; и за медведями ездишь, и работаешь, и увлекаешься (с. 440).

Левин протестует и говорит, что он все время думает о смерти. Но в его размышлениях о смысле жизни ощутимо присутствует убитая медведица:

> Когда поймешь, что нынче-завтра умрешь и ничего не останется, то так все ничтожно! И я считаю очень важной свою мысль, а она оказывается так же ничтожна, если бы даже исполнить ее, как обойти эту медведицу. Так и проводишь жизнь, развлекаясь охотой, работой, — чтобы только не думать о смерти (ч. 4, гл. 7, т. 8: 440—441).

Когда Левин несколько позже находится в гостиной у Облонских, разговор опять вертится вокруг медвежьей охоты. Каренин, у которого брак с Анной разваливается, говорит:

> —Я думаю, *надо иметь большую силу для охоты на медведей*, — сказал Алексей Александрович, имевший самые туманные понятия об охоте (ч. 4, гл. 9, т. 8: 450)[3].

На что Левин отвечает:

> — Никакой. Напротив, *ребенок может убить медведя*.

Даже Кити вовлекается в разговор об охоте:

> — А вы убили медведя, мне говорили? — сказала Кити. — *Разве у вас есть медведи*? (с. 450).

На обеде Левин, таким образом, выступает как счастливый удачный охотник. Его брат Сергей Кознышев смотрит на него и удивляется: «Что это с ним нынче? Таким победителем» (с. 451).

Торжество Левина завершается победой в той своеобразной «игре с буквами» на зеленом сукне игрального стола, когда Кити принимает его предложение. «Медвежья охота» преобразовалась в этой сцене в

---

[3] Слова намекают и на мужское бессилие Каренина — медвежья охота не для него. И спасти свой брак он уже не может, его путешествие в Москву тщетное.

детскую игру, и удачная медвежья охота Левина в тверских лесах являет собой как бы Vorspiel удачному предложению.

Как объяснить устойчивость «медвежьих» образов в связи с отношениями Левина и Кити? Каков их смысл? Физическая сила Левина, его нелюдимость и социальная «взъерошенность» могут вызывать ассоциацию с медведем. Однако он скорее выступает как «страж медведицы» (Арктурус), между тем как в роли собственно медведицы мы видим Кити. Мне представляется, что смысл «медвежьего» мотива у Толстого уходит в глубину русского фольклора, где медведь и медвежья шкура связаны с плодородием и *свадьбой*. Так, например, в образе медведя появляется предполагаемый жених во сне Татьяны в «Евгении Онегине» (Глава пятая, XII—XV):

> Но вдруг сугроб зашевелился.
> И кто ж из-под него явился?
> Большой, взъерошенный медведь;
> Татьяна *ах!* А он реветь,
> И лапу с острыми когтями
> Ей протянул; она скрепясь
> Дрожащей ручкой оперлась
> [...]
> Пошла — и что ж? медведь за ней!
> [...]
> Она бежит, он все вослед,
> И сил уже бежать ей нет.
> [...]
> Упала в снег; медведь проворно
> Ее хватает и несет.

В своих комментариях ко сну Татьяны Ю. Лотман пишет:

> Связь образа медведя с символикой сватовства, брака и обрядовой поэзии отмечалась исследователями. [...] Ср. весьма распространенный обычай, связывающий медвежью шкуру, а также любой густой мех (ср.: «взъерошенный», «косматый лакей») со свадебной символикой плодородия и богатства: молодых на свадьбе сажают на медвежий или другой густой мех (Лотман 1980: 270).

Лотман цитирует и Зеленина: «Убитую медведицу признают за невесту или сваху, превращенную на свадьбе в оборотня»[4]. В народных

[4] *Зеленин Д. К.* Описание рукописей ученого архива Имп. Русского Географического Общества. Вып. 1. Пг., 1914. С. 259.

толкованиях снов медведь также связан со свадьбой: «Медведя видеть во сне предвещает женитьбу или замужество»[5].

Приезд Левина в Москву с медвежьей шкурой можно, таким образом, толковать как знак предстоящей свадьбы, а в контексте всей сквозной «медвежьей» метафоры — еще и свадьбы с определенной невестой — с Катериной Щербацкой. И назначение Кити стать женой Левина было предсказано уже в его шуточно-ласковом сравнении ее с «tiny bear».

Можно еще заметить, что Левин выбирает *шафером* на свадьбе своего товарища по медвежьей охоте, Чирикова. И когда Чириков, холостяк, старается заманить его на новую охоту за медведями, Левин с радостью говорит, что такую охоту он оставил навсегда:

> — А нынче Архип был, говорил, что лосей пропасть в Прудном и два медведя, — сказал Чириков.
>
> — Ну, уж вы их без меня возьмете.
>
> — Вот и правда, — сказал Сергей Иванович. — Да и вперед простись с медвежьею охотой, — жена не пустит!
>
> Левин улыбнулся. Представление, что жена его не пустит, было ему так приятно, что он готов был навсегда отказаться от удовольствия видеть медведей (ч. 5, гл. 2, т. 9: 14—15).

Предстоящий брак отменяет желание Левина охотиться на медведиц. Но метафорически образ продолжает свою жизнь в романе, хотя о конкретных медведях речи больше не будет.

Введение *созвездия* Медведицы относит пару Катерина-Константин к *небесной* сфере в противоположность той земной, даже подземной, сфере, где развивается история отношений Анны с Алексеем Вронским (где символами выступают огонь и железо). Если раньше с созвездием Большой Медведицы соединился Арктурус (Волопас), то теперь на звездном небе свадебной пары появилось другое созвездие — Возничий (Auriga). После удачного сватовства Левин не может уснуть всю ночь и сидит у открытого окна:

> В комнате было свежо, но его душила жара. Он отворил обе форточки и сел на стол против форточек. Из-за покрытой снегом крыши видны были узорчатый с цепями крест и выше его — *поднимающийся треугольник созвездия Возничего с желтовато-яркою Капеллой.* Он смотрел то на крест, то на звезду, вдыхал в себя свежий морозный воздух, равномерно вбегающий в комнату, и как во сне, следил за воз-

[5] Живая старина. 1891. Вып. 4. С. 210.

никающими в воображении образами и воспоминаниями (ч. 4, гл. 14, т. 8: 470—471).

Возничий предстает как олицетворение Левина на звездном небе. Но слово *возничий* семантически ассоциируется с *колесницей-каретой*. Когда Левин, после ночных душевных мук, утром увидел карету с Кити, все его метания исчезли, и он понял, что она и есть его будущее. А теперь, получив согласие Кити, он сам становится возничим ее колесницы. Можно припомнить и слова брата Левина «таким победителем» и увидеть в слове «возничий» (auriga) возницу, выигравшего лошадиные бега (ср. с неудачными скачками Вронского). Небесные светила переплетаются, и возникают новые смысловые «созвездия».

Когда утро наступает, и Левин может отправиться к Щербацким, чтобы просить руку Кити (у нее он уже получил согласие), его внимание привлекают детали, которые по-своему предсказывают свадьбу.

И что он видел тогда, того после уже он никогда не видал. В особенности дети, шедшие в школу, *голуби сизые*, слетевшие с крыши на тротуар, и *сайки, посыпанные мукой*, которые выставила невидимая рука, тронули его. Эти *сайки*, *голуби* и два мальчика были неземные существа. Все это случилось в одно время: мальчик подбежал *к голубю* и, улыбаясь, взглянул на Левина; *голубь затрещал крыльями* и отпорхнул, блестя на солнце между дрожащими в воздухе пылинками снега, а из окошка *пахнуло духом печеного хлеба* и выставились *сайки*. Все это вместе было так необычайно хорошо, что Левин засмеялся и заплакал от радости (ч. 4, гл. 15, т. 8: 472).

Голуби, птицы богини Венеры, символы любви и верности, тут сочетаются с сайками, с печеным хлебом, старым символом гостеприимства. Сцена по дороге к Щербацким предвещает, что Левин будет принят женихом в доме Щербацких.

После женитьбы Левин больше не уезжает на охоту на медведя, как он и обещал товарищам. Его жизнь протекает в имении Покровское, «под покровом», в защищенном месте. Но неожиданно там снова возникает «медвежий образ», правда, преображенный в «медом ведающий». Ведь этимологически *медведь* — «тот, кто ест мед». У Левина появляется новое увлечение — «пчелиная охота». В свободное время он ходит на пчельник, что его успокаивает.

Вернувшись в начале июня в деревню, он вернулся и к своим обычным занятиям. Хозяйство сельское, [...] отношения с женою, родными, заботы о ребенке, новая *пчелиная охота*, которою он увлекся с нынешней весны, занимали все его время. [...] Нужно было позаботиться об удобствах приглашенной свояченицы с детьми и жены с ребенком, и нельзя было не быть с ними хоть малую часть дня.

И все это вместе с охотой за дичью и новой *пчелиной охотой* наполняло всю ту жизнь Левина, которая не имела для него никакого смысла, когда он думал (ч. 8, гл. 10, т. 9: 413—415).

Особенно волнует его то, что он не испытывает к своему новорожденному сыну того чувства любви, которого он ожидал:

Что он испытывал к этому маленькому существу, было совсем не то, что он ожидал. Ничего веселого и радостного не было в этом чувстве; напротив, это был новый мучительный страх. Это было сознание новой области уязвимости (ч. 7, гл. 16, т. 9: 331).

Хотя Кити и чувствует досаду, что Левин удаляется из дома, когда у них гости, она все-таки радуется тому, что пчелы его увлекают:

Верно, разговорились без меня, — думала Кити, — а все-таки досадно, что Кости нет. Верно, *опять зашел на пчельник*. Хоть и грустно, что он часто бывает там, я все-таки рада. Это развлекает его. Теперь он стал все веселее и лучше, чем весною (ч. 8, гл. 7, т. 9: 407).

Оказывается, на пчельнике Левин не испытывает того мучительного чувства долга, которое сопровождает другие его занятия. Особенное удовольствие он получает при «сажании роя», т. е. при основании нового «медового дома».

[Левин] знал, что, несмотря на все *удовольствие, испытываемое им при сажании роя*, надо было лишиться этого удовольствия и, предоставив старику без себя *сажать рой*, пойти толковать с мужиками, нашедшими его на пчельнике (ч. 8, гл. 10, т. 9: 415).

Смысл жизни, поиск которого так мучит Левина («Что же я такое? И где я? И зачем я здесь?»), неожиданно дается ему в словах мужика Федора, когда Левин хочет узнать, не возьмет ли в аренду старик Платон[6] из его деревни еще немного земли. Федор объясняет, что Платон не может брать больше, так как это означало бы «драть шкуру» с другого человека. И он прибавляет: «Фоканыч [Платон] — правдивый старик. Он для души живет. Бога помнит» (ч. 8, гл. 11, т. 9: 419). Простой ответ мужика вызывает озарение в душе Левина:

[6] Имя Платон не случайное. Праведный старик из покровских деревень — «наследник» Платона Каратаева из *Войны и мира*.

— Да, да, прощай! — проговорил Левин, задыхаясь от волнения, и повернувшись, взял свою палку и быстро пошел прочь к дому. При словах мужика о том, что Фоканыч живет для души, по правде, побожью, *неясные, но значительные мысли толпою как будто вырвались откуда-то иззаперти* и, все стремясь к одной цели, *закружились* в его голове, *ослепляя его своим светом* (ч. 8, гл. 12, т. 9: 419).

Мысли Левина похожи на выпущенный рой, который надо ловить и сажать в новый улей. Слова мужика — та сила, которая собирает все в одно:

Слова, сказанные мужиком, произвели в его душе действие электрической искры, вдруг преобразившей и *сплотившей в одно* целый *рой разрозненных, бессильных отдельных мыслей*, никогда не перестававших занимать его (с. 419).

Но мысли продолжают кружиться в голове, и по дороге домой Левин, задыхаясь от волнения, заворачивает в лес и ложится на траву. И там происходит некое событие, которое символически утверждает то *одно*, к чему стремятся его мысли. Видя букашку, поднимавшуюся по стеблю пырея и задерживаемую листом снытки, Левин осторожно отворачивает лист снытки, пригибает другую траву и *помогает букашке перебраться* на нее. Делает он это автоматически, не сознавая своей помощи. И Толстой объясняет: «Он жил (не сознавая этого) теми духовными истинами, которые он всосал с молоком, а думал не только не признавая этих истин, но старательно обходя их» (с. 422). Наконец и сам Левин доходит до того, что философия жизни не приобретается разумом:

Разумом, что ли, дошел я до того, что надо любить ближнего и не душить его? Мне сказали это в детстве, и я радостно поверил, потому что мне сказали то, что было у меня в душе (с. 422).

Левин вдруг понимает, что человек живет и верит не разумом, а сердцем, душой. Он чувствует огромную радость:

«Неужели это вера? — подумал он, боясь верить своему счастию. — Боже мой, благодарю тебя!» — проговорил он, проглатывая поднимавшиеся рыдания и вытирая обеими руками слезы, которыми полны были его глаза (ч. 8, гл. 13, т. 9: 425).

Сразу после этого он увидит «свою тележку», посланную за ним его женой: «Левин сел в тележку и *взял вожжи*». Этим актом он возвращается в будни, в ответственность, которую он взял на себя, создавая семью (в символическом измерении став *Возничим*). По дороге домой Левин встречает гостей, которые собираются к нему на пчельник. Левин идет с ними, распоряжается на пчельнике как хозяин.

> Левин поместил своих гостей в густой свежей тени молодых осинок, на скамейке и обрубках, нарочно приготовленных для посетителей пчельника, боящихся пчел, а *сам пошел на осек, чтобы принести* детям и большим хлеба, огурцов и *свежего меда* (ч. 8, гл. 14, т. 9: 428—429).

Пчельник описан как какое-то иное царство, где хранителем выступает старик Михайлыч. Как святой [7], этот старик стоит над ежедневной суетой и дарит блага, сладкий мед, не вмешиваясь в житейские дела.

> Красивый старик с черной с проседью бородой и густыми серебряными волосами неподвижно стоял, держа чашку с медом, ласково и спокойно с высоты своего роста глядя на господ, очевидно ничего не понимая и не желая понимать (ч. 8, гл. 15, т. 9: 432—433).

Пчелы собирают нектар из особенных цветов, цветов *липы*.

> Перед лётками ульев рябили в глазах кружащиеся и толкущиеся на одном месте, играющие пчелы и трутни, и среди них, всё в одном направлении, туда в лес *на цветущую липу* и назад к ульям, пролетали рабочие пчелы с взяткой и за взяткой (с. 429).

Дерево липа становится связующим звеном в цепи образов, символизирующих отношения Левина с женой. Возвращаясь домой из пчельника, Левин узнает, что Кити не дома, что она ушла в лес с ребенком. Одновременно разражается бурная гроза, поднимается ветер, «*обрывая листья и цвет с лип* и безобразно и странно оголяя белые сучья берез». Левин бросается в лес, в сторону того дуба, где, как он думает, находятся Кити, няня и ребенок. Когда он подбегает, ему чудится что-то белеющее за дубом, но в это мгновение слышится страшный треск, и молния разбивает дуб. У Левина вырывается из уст просьба-молитва.

---

[7] Мед считался священной пищей еще в античности. «Пчелиным праздником» в восточнославянской народно-религиозной культуре считалось 17 апреля, день святого Зосимы. Не только в славянской, но и во многих культурных традициях мед связывается с мудростью, поесть меду — приобрести мудрость (см.: Гамкрелидзе, Иванов 1984: 607 и Мифы народов мира, т. 2, 1982: 355). Через мед, через пчел мудрость приходит и к Левину.

— Боже мой! Боже мой, чтоб не на них! — проговорил он.

И хотя он тотчас же подумал о том, как бессмысленна его просьба о том, чтоб они не были убиты дубом, который уже упал теперь, он повторил ее, зная, что лучше этой бессмысленной молитвы он ничего не может сделать (ч. 8, гл. 17, т. 9: 438).

Но чудо совершается: Кити с ребенком оказались не на обычном месте, под старым дубом, они укрылись под липой:

Они были на другом конце леса *под старою липой*, и звали его. Две фигуры в темных платьях (они прежде были в светлых), нагнувшись, стояли над чем-то. [...] Хотя дождя уже не было, они всё еще стояли в том положении, в которое они стали, когда разразилась гроза. Обе стояли, нагнувшись *над тележкой* с зеленым зонтиком (ч. 8, гл. 17, т. 9: 439).

Хранительницей тележки с ребенком (эта тележка — «преемница» той коляски, в которой когда-то ехала Кити) оказывается старая липа, медоносное дерево. И тут можно вспомнить, что липа в фольклорных поверьях — священное дерево, связанное с любовью, с празднованием весны и возрождения. Она к тому же символизирует женское начало в противоположность дубу[8].

Пережитая гроза вызывает новое преображение души Левина. Молния ослепляет его («загорелась вся земля, и как будто над головой треснул свод небес»), и когда он опять открывает глаза, первое, что он видит, — падающее дерево, но сразу после того — застывшую группу «две женщины над ребенком». Сцена, напоминающая религиозный мотив «Богоматерь с Сыном и Анной», действует на Левина эпифанически. Знаменательно, что одежда женщин поменяла свой цвет, преобразилась из светлой в темную.

Следствие нового озарения Левина — рождение любви к сыну.

Вечером его приглашают в детскую, чтобы он увидел успехи ребенка — Митя начал узнавать людей:

Кити нагнулась к нему, — он просиял улыбкой, уперся ручками в губку и запрукал губами, производя такой довольный и странный

[8] «Мужской» дуб появляется в романе *Война и мир*, где параллелью душевному состоянию Андрея Болконского становится «старый, корявый дуб». После длительной болезни Андрей оживает от присутствия Наташи Ростовой в Отрадном. Оживает и дуб: «Старый дуб, весь преображенный, раскинувшись шатром сочной, темной зелени, млел, чуть колыхаясь в лучах вечернего солнца» («Война и мир», т. 2, ч. 3. гл. 3).

звук, что не только Кити и няня, но и Левин пришел в неожиданное восхищение (ч. 8, гл. 18, т. 9: 441).

Далее следует разговор между мужем и женой, который кончается словами Константина: «— Нынче после этого страха во время грозы я понял, как я люблю его» (с. 442).

Вместо того чтобы после этого присоединиться к гостям, Левин выходит на террасу и смотрит на небо, т. е. в третий раз повторяется знакомая нам сцена. Сначала Левин «ловил и терял Медведицу» (как он в то время ловил и терял Кити), в следующий раз он увидел на звездном небе «треугольник созвездия Возничего» (после удачного сватовства) — Возничий будто бы знаменовал то новое направление, которое приняла его жизнь. А что Левин видит в третий раз?

> Уже совсем стемнело, и на юге, куда он смотрел, не было туч. Тучи стояли с противной стороны. Оттуда вспыхивала молния и слышался дальный гром. *Левин прислушивался к равномерно падающим с лип в саду каплям* и *смотрел на знакомый ему треугольник звезд и на проходящий в середине его Млечный Путь с его разветвлением*. При каждой вспышке молнии не только Млечный Путь, но и яркие звезды исчезали, но, как только потухала молния, опять, как будто брошенные какой-то меткой рукой, появлялись на тех же местах.
>
> «Ну, что же смущает меня?» — сказал себе Левин, вперед чувствуя, что разрешение его сомнений, хотя он не знает еще его, уже готово в его душе (ч. 8, гл. 19, т. 9: 442—443).

Итак, созерцание картины неба зародило в душе Левина предчувствие исхода сомнений. На этот раз зрительный ряд получает очень важный звуковой аккомпанемент — равномерные звуки падающих с лип капель. Липы снова оказываются символически причастными той таинственной силе, которая дарит ему душевный покой. А на звездном небе Левина проступает опять «знакомый ему треугольник», т. е. Возничий, который означал его новую жизнь с Кити. Но теперь через знакомое созвездие видится что-то новое — Млечный Путь (Via lactea). Языковая форма тут имеет такое же значение, как в случаях с Медведицей и с Возничим. На звездном небе Левина появился младенец Митя, который был показан *сосущим грудь матери* в тот момент, когда Левин объявлял жене о своей любви к нему:

> — Ну, я рада, что ты начинаешь любить его, — сказала Кити мужу, после того *как она с ребенком у груди спокойно уселась* на привычном месте. — Я очень рада (ч. 8, гл. 18, т. 9: 442).

Как и сцена в лесу с двумя женщинами над ребенком, картина «с кормящей матерью» так же ассоциируется с иконографией Богоматери, на этот раз с образом «кормящей Марии» (Γαλακτοτροφουσα). Через «млечный путь» маленький Митя, вполне *земной* младенец, входит в жизнь. Митя — это то «разветвление», то продолжение рода Левина, которое дает истинный смысл *его* существованию. Левин стал основателем рода, он «посадил рой», он создатель и хранитель домашнего очага, семейной крепости — то есть того самого дома, о важности которого так настойчиво напомнил Толстой уже в первых строках романа, где слово *дом*, восьмикратно повторенное, прозвучало, как набат:

> Все смешалось в *доме* Облонских. Жена узнала, что муж был в связи с бывшею в их *доме* француженкою-гувернанткой, и объявила мужу, что не может жить с ним в одном *доме*. Положение это продолжалось уже третий день и мучительно чувствовалось и самими супругами, и всеми членами семьи, и *дом*очадцами. Все члены семьи и *дом*очадцы чувствовали, что нет смысла в их сожительстве и что на каждом постоялом дворе случайно сошедшиеся люди более связаны между собой, чем они, члены семьи и *дом*очадцы Облонских. Жена не выходила из своих комнат, мужа третий день не было *дома*. Дети бегали по всему *дому*, как потерянные; англичанка поссорилась с экономкой и написала записку приятельнице, прося приискать ей новое место; повар ушел еще вчера со двора, во время обеда; черная кухарка и кучер просили расчета (ч. 1, гл. 1. т. 8: 7).

Мечта Левина о семье, *о доме* привела его в дом Щербацких, но его путь к своему «медовому дому» был долгим и извилистым. Открытие любви к сыну означало падение «последней завесы», которая закрывала для Левина смысл жизни. Теперь он понял, что жизнь «не только не бессмысленна, как была прежде, но имеет несомненный смысл добра, который он сам властен вложить в нее!»

ЧЕМ ЛЮДИ ЖИВЫ...

Во время публикации «Анны Карениной» между издателем *Русского Вестника* М. Н. Катковым и Л. Н. Толстым разразился спор, когда очередь дошла до восьмой части романа. В этой части панславису Каткову не понравились высказывания по «славянскому вопросу», и он попросил Толстого смягчить и изменить текст. Толстой рассердился и решил печатать главу отдельной книжкой. Еще в апреле 1877 года он в письме А. А. Толстой выражался о «славянском деле» как о «сербском сумасшествии».

Лишившись окончания романа, Катков напечатал в майском номере *Русского Вестника* заметку, своего рода «краткое изложение содержания»:

> В предыдущей книжке под романом *Анна Каренина* выставлено: «Окончание следует». Но со смертью героини роман, собственно, кончился. По плану автора следовал бы еще небольшой эпилог, листа в два, из коего читатели могли бы узнать, что Вронский, в смущении и горе после смерти Анны, отправляется добровольцем в Сербию и что все прочие живы и здоровы, а Левин остается в своей деревне и сердится на славянские комитеты и на добровольцев (ПСС, 20: 636).

Такое пренебрежение к тексту романа привело Толстого в ярость, и он сразу сочинил письмо, которое намеревался послать в редакцию журнала *Новое Время*:

> Редакция [*Русского Вестника*] три года томила своих читателей печатанием длинного романа, когда она так просто могла бы в том же грациозном тоне, в котором сделана заметка, изложить его примерно так: Была одна дама, которая бросила мужа. Полюбив гр. Вронского, она стала в Москве сердиться на разные вещи и бросилась под вагон (ПСС, 62: 331).

Но письмо не было послано, так как Толстой решил, по свидетельству Т. А. Кузьминской, «что смиренномудрие — главное». Однако

Катков не угомонился, особенно когда узнал, что восьмая часть печатается. В июльском номере *Русского Вестника* он обрушился на нее с критикой:

> Роман остался без конца и при «восьмой и последней» части. Идея целого не выработалась. Для чего, всякий может спросить, так широко, так ярко, с такими подробностями выведена перед читателями судьба злополучной женщины, именем которой роман назван? Судьба эта остается мастерски рассказанным случаем очень обыкновенного свойства и послужила только нитью, на которую нанизаны прекрасные характеристики и эпизоды. Но если произведение не доработалось, если естественного разрешения не явилось, то лучше, кажется, было прервать роман на смерти героини, чем заключить его толками о добровольцах, которые ничем не повинны в событиях романа (ПСС, 20: 637—638).

Можно спросить, действительно ли таким натянутым кажется введение в роман русских добровольцев, как это утверждает Катков? С какой целью Толстой вводит «славянский вопрос» в роман? Постараюсь ответить на эти вопросы анализом текста восьмой главы романа.

После ссоры с Катковым Толстой все-таки снова взялся за текст, перерабатывал его в обычном для себя направлении: сказанное *от автора* теперь перемещается в уста персонажей. Авторские высказывания к тому же были распределены между несколькими персонажами, т. е. появляются разные точки зрения. Этим Толстой достигает большей гибкости текста, персонажи «округляются», они возникают будто бы сами собой, цельными людьми, хотя и со своими противоречиями[1]. Ведь многие читатели романа заявляли, что они знают его персонажей, как будто «встречали их в жизни».

Посмотрим, какие мнения о сербской войне появляются в романе и кому они принадлежат.

В варианте, который читал Катков, сам автор расписывает «сербское сумасшествие» следующим образом:

> Были сербские спички, конфеты князя Милана и цвет платьев самый модный Черняевского волоса. [...] Барыни в соболях и шлейфах шли к мужикам выпрашивать у них деньги и набирали меньше, чем сколько стоил их шлейф (ПСС, 20: 548 и 555)[2].

---

[1] О противоречивости героев романа, об их неожиданных поступках и о сложном соотношении рационализма и иррационализма в героях *Анны Карениной* см.: *Гинзбург Л.* О психологической прозе. Л., 1971. С. 330—386.

[2] «цвет платьев... Черняевского волоса» указывает на генерала Михаила Григорьевича Черняева (1828—1898), участника крымской войны 1855—1856 гг. и во-

Толстой тут иронически уравнивает «помощь братьям-славянам» с очередной модой на благотворительность, которую с показной набожностью практиковали в романе такие дамы, как графиня Лидия Ивановна или Мадам Шталь.

Одну такую даму мы встречаем и в последней главе. Она появляется на станции железной дороги, откуда отправляются не только добровольцы, но и брат Левина Кознышев, правда, не в Сербию, а в деревню, чтобы «в самой святая святых народа, в деревенской глуши, насладиться видом того поднятия народного духа, в котором он и все столичные и городские жители были вполне убеждены» (ч. 8, гл. 1, т. 9: 393). Эта энтузиастка бросается на Кознышева:

> — Вы тоже приехали проводить? — спросила она по-французски. [...] Правда, что от нас отправлено уже восемьсот? [...] И ведь правда, что пожертвовано теперь около миллиона? [...] А какова нынешняя телеграмма? Опять разбили турок. [...] Ах, да, знаете, один молодой человек, прекрасный, просился. Не знаю, почему сделали затруднение. Я хотела просить вас, я его знаю, напишите, пожалуйста, записку. Он от графини Лидии Ивановны прислан (ч. 8, гл. 2, т. 9: 394).

Кознышев пишет рекомендацию и узнает от панславистски настроенной княгини, что Вронский едет тем же поездом и «не только сам, но эскадрон ведет на свой счет». И она судит: «Это выкупает многое».

Сербская война оказывается лакмусовой бумагой, которая дает Толстому возможность еще раз обнаружить жизненную философию своих персонажей, анализировать их побуждения и действия и, главное, проникать в настоящие причины их убеждений.

Первым испытанию подвергается Сергей Иванович Кознышев. Мы понимаем, что оживление «славянского вопроса» прямо спасло Кознышева, который тяготился тем глухим молчанием, которое последовало в ответ на публикацию его многолетнего труда «Опыт обзора основ и форм государственности в Европе и в России»[3]. Кознышев,

---

енных действий на Кавказе, завоевателя Ташкента. В мае 1876 г. генерал Черняев поехал в Белград командовать секцией сербской армии. «Князь Милан» — конечно, Милан Обренович из правящей семьи.

[3] Вполне вероятно, что таким названием книги Кознышева Толстой иронически указывает на труд Н. Я. Данилевского *Россия и Европа*, вышедший отдельным изданием в 1871 г. после первого появления в журнале *Заря*. В письме Н. Н. Страхову от 22—25 марта 1872 г., где Толстой упоминает и Данилевского, он пишет: «Народность славянофилов и народность настоящая две вещи столь разные, ка[к] эфир серный и эфир всемирный, источник тепла и света. Я ненавижу все эти *хоровые начала* и *строи жизни и общины* и *братьев славян*, каких-то выдуманных,

оказывается, в свое время был «одним из возбудителей этого вопроса», и так как «общественность» есть для него духовный кислород, он оживает в новых обстоятельствах и берется за новое дело. Но Кознышев как аналитик и философ не может не видеть, насколько «славянское движение» принимает формы очередного «вопроса», подобного «вопросам иноверцев, американских друзей, самарского голода, выставки, спиритизма». И Толстой влагает в уста Кознышева часть своей критики:

> Он видел, что славянский вопрос сделался одним из тех модных увлечений, которые всегда, сменяя одно другое, служат обществу предметом занятия; [...] Он признавал, что газеты печатали много ненужного и преувеличенного, с одною целью — обратить на себя внимание и перекричать других. Он видел, что при этом общем объеме общества выскочили вперед и кричали громче других все неудавшиеся и обиженные: главнокомандующие без армий, министры без министерств, журналисты без журналов, начальники партий без партизанов (ч. 8, гл. 1, т. 9: 392—393).

Но Кознышев утешается тем, что все отрицательное — это «подробности», а главное, что принесла с собой сербская война, — это «проявление общественного мнения»: «Народная душа получила выражение», — как красноречиво философствует Кознышев. И Толстой иронически довершает: «И чем более он занимался этим делом, тем очевиднее ему казалось, что это было дело, долженствующее получить громадные размеры, составить эпоху» (с. 393).

Но высокие слова Кознышева беспощадно опрокидываются тем описанием «подробностей», которое дается в тексте. Например, в поезде Кознышев предпочитает не обращать внимания на добровольцев: «он столько имел дел с добровольцами, что уже знал их общий тип, и это не интересовало его» (ч. 8, гл. 3, т. 9: 397). Но через его спутника, Катавасова, мы получаем характеристику трех конкретных лиц (ч. 8, гл. 3, т. 9: 397—398):

> — юноша со впалою грудью, богатый московский купец, промотавший большое состояние до двадцати двух лет [...] был изнежен, избалован и слаб здоровьем [...] был уверен, в особенности теперь,

а просто люблю определенное, ясное и красивое и умеренное и все это нахожу в народной поэзии и языке и жизни и обратное в нашем». Толстой имеет в виду «наш литературный язык», который ему кажется «без костей» (*Толстой*. ПСС, т. 61, с. 276). Тут выражаются чуткость Толстого ко всякого рода клише и неприятие им той идеологической риторики, которая распространялась в славянофильски настроенных кругах.

выпив, что он совершает геройский поступок, и хвастался самым неприятным образом;

— отставной офицер [...] человек, попробовавший всего [...] был и на железной дороге, и управляющим, и сам заводил фабрики, и говорил обо всем, без всякой надобности и невпопад употребляя ученые слова;

— артиллерист [...] скромный, тихий человек [...] Когда Катавасов спросил его, что его побудило ехать в Сербию, он скромно отвечал: — Да что ж, все едут.

Когда Катавасов радуется, что едет артиллерист — «их там мало», тот признает, что «не много служил в артиллерии, я юнкером в отставке», и начинает объяснять, «почему не выдержал экзамена». Разочарованный Катавасов обращается к старичку в военном пальто, чтобы узнать его мнение. Но старик, «по опыту зная, что при теперешнем настроении общества опасно высказать мнение, противное общему, и в особенности осуждать добровольцев, говорит только: "Что ж, там нужны люди"» (с. 399).

Эта мысль старичка-военного была развернута шире в раннем варианте главы, где она была высказана автором:

> Если кто бы сказал, что почти так же как действовали Турки, действовали и другие правительства, его бы растерзали. Говорить заведомо ложь и утаивать истину, если так нужно для общего возбуждения, считалось политическим тактом. Повторение одного и того же, не давая никому высказывать не подходящее под общий тон мнение, торжествовалось как новое приобретение обществом — общественное мнение (ПСС 20, 554).

Побуждение «помочь славянам» разоблачается более всего при описании графа Вронского. Кознышев встречает его мать в поезде, и она объясняет: «Это Бог нам помог — эта сербская война» (ч. 8, гл. 4, т. 9: 401). Но и она себя обманывает: «Одно это могло его поднять». Из ее дальнейших слов узнаем, что сам Вронский мог бы и не додуматься до участия в войне, если бы не его друг Яшвин: «Яшвин — его приятель — он все проиграл и собрался в Сербию. Он заехал к нему и уговорил его. Теперь это занимает его».

Когда Кознышев, наконец, заговаривает с Вронским, от великих побуждений добровольца остается мало. На вопрос Кознышева: «Не нужно ли вам письмо к Ристичу, к Милану?»[4] — Вронский дает убий-

---

[4] Упоминанием не только князя Милана, но и Ристича Кознышев показывает, что он принадлежит к кругу русских контактов главного деятеля проекта «Великой Сербии» министра Йована Ристича (1831—1899), представителя Сербии на Берлинском конгрессе 1878 г.

ственный ответ: «Нет, благодарю вас; для того чтоб умереть, не нужно рекомендаций» (ч. 8, гл. 5, т. 9: 402). И Вронский еще прибавляет с мрачным юмором: «Нешто к туркам...». Но Кознышев не оставляет своих иллюзий и при расставании с Вронским произносит еще одну клишированную «общественным мнением» фразу: «Избавление своих братьев от ига есть цель, достойная и смерти и жизни» (с. 403).

Характер Облонского тоже вырисовывается более четко на фоне «славянского вопроса». В толпе тех, кто собирался сопровождать добровольцев, находим и Степана Аркадьича, для которого новое «дело привлекло с собой новые прощальные обеды»:

> — Завтра мы даем обед двум отъезжающим — Димер-Бартнянский из Петербурга и наш Веселовский, Гриша. Оба едут. Веселовский недавно женился. Вот молодец! (ч. 8, гл. 2, т. 9: 395).

Облонский, женатый человек, который ведет себя как неженатый, ничего предосудительного не видит в том, что муж оставляет свою молодую жену сразу после женитьбы. Вместо того чтобы заботиться о семье — жена Долли проживает со всей детворой у Левина, и имению Ергушово грозит продажа из-за долгов Степана Аркадьича — сам Облонский гуляет, как прежде, и теперь раздаривает последнее «на братьев»:

> Увидав проходившую даму с кружкой, он подозвал ее к себе и положил пятирублевую бумажку:
>
> — Не могу видеть этих кружек спокойно, пока у меня есть деньги, — сказал он. — А какова нынешняя депеша? Молодцы черногорцы! (ч. 8, гл. 2, т. 9: 396).

Щедрость Облонского вызывает восхищение у княгини-панславистки: «— Вот именно вполне русская, славянская натура!»

Споры о «русскости», о том, что значит быть русским, на фоне славянского вопроса разворачиваются полностью в имении Левина, когда туда приезжает Кознышев. В течение всего романа главный вопрос для Левина состоит в том, чтобы *соединить* свою ежедневную жизнь, все те «подробности», от которых предпочитает Кознышев отвлечься, с какими-то теориями, высшими устоями жизни, понимаемыми и принимаемыми разумом. Но ему это никак не удается:

> Мысли казались ему плодотворны, когда он или читал, или сам придумывал опровержения против других учений, в особенности против материалистического; но как только он читал или сам придумывал

разрешение вопросов, так всегда повторялось одно и то же. Следуя данному определению неясных слов, как *дух*, *воля*, *свобода*, *субстанция*, нарочно вдаваясь в ту ловушку слов, которую ставили ему философы или он сам себе, он начинал как будто что-то понимать. Но стоило забыть искусственный ход мысли и из жизни вернутся к тому, что удовлетворяло, когда он думал, следуя данной нити, — и вдруг вся эта искусственная постройка заваливалась, как карточный дом, и ясно было, что постройка была сделана из тех же перестановленных слов, независимо от чего-то более важного в жизни, чем разум (ч. 8, гл. 9, т. 9: 411—412; курсив Толстого. — *Б. Л.*).

Знаменательно, что обсуждение «славянского вопроса» между гостями происходит *на пчельнике* у Левина, в своего рода райском садике и затишье от мирских сует. Левин никак не может принять слова брата Кознышева о том, что «нет объявления войны, а просто выражение человеческого, христианского чувства» (ч. 8, гл. 15, т. 9: 431). Он, живущий «подробностями», не чувствует сам и не видит вокруг себя «такого непосредственного чувства к угнетению славян», о котором говорит брат. Кознышев старается тогда обосновывать все «исторически»:

В народе живы предания о православных людях, страдающих под игом «нечестивых агарян». Народ услыхал о страданиях своих братий и заговорил (ч. 8, гл. 15, т. 9: 432)[5].

И получает ответ от брата: «— Может быть, но я не вижу; я сам народ, я не чувствую этого». Левина поддерживает старый князь Щербацкий:

— Вот и я. [...] Я жил за границей, читал газеты и, признаюсь, еще до болгарских ужасов никак не понимал, почему все русские так вдруг полюбили братьев славян, а я никакой к ним любви не чувствую? Я очень огорчался, думал, что я урод, или что так Карлсбад на меня действует. Но, приехав сюда, я успокоился — я вижу, что и кроме меня есть люди, интересующиеся только Россией, а не братьями-славянами. Вот и Константин (ч. 8, гл. 15, т. 9: 432).

Как опытный философ, Кознышев ускользает от этой критики, снова прибегая к магическому слову «народ»:

---

[5] Пользуясь этикеткой «нечестивые агаряне» (в противоположность «нашим единоверцам»), Кознышев выводит мусульман как исторических врагов русских (сыновья Авраама с Агарью). Турки, таким образом, представляются преемниками татар, «под игом» которых когда-то «страдали» русские.

— Личные мнения тут ничего не значат, [...] нет дела до личных мнений, когда вся Россия — народ выразил свою волю. [...] Народ не может не знать; сознание своих судеб всегда есть в народе, и в такие минуты, как нынешние, оно выясняется ему (с. 432).

При этом Кознышев смотрит на старика-пчельника, как будто прося у него подтверждения своих слов. Старик действительно отвечает: «— Это так точно», — но описание его лишает эти слова всякого веса:

Красивый старик с черной с проседью бородой и густыми серебряными волосами неподвижно стоял, держа чашку с медом, ласково и спокойно с высоты своего роста глядя на господ, очевидно ничего не понимая и не желая понимать (ч. 8, гл. 15, т. 9: 432—433).

Точно такой же фразой — «Это так точно» — отвечает старик несколько позже, и Толстой дает нам знать, что это только ответ «на случайно брошенный на него взгляд» (ч. 8, гл. 16, т. 9: 436). Когда Левин решает обратиться к старику, чтобы узнать «мнение народа», он получает такой же *безучастный* ответ:

— Ты слышал, Михайлыч, об войне? Вот что в церкви читали? Ты что же думаешь? Надо нам воевать за христиан?

— Что же нам думать? Александр Николаевич император нас обдумал, он нас и обдумает во всех делах. Ему виднее (ч. 8, гл. 15, т. 9: 433).

И сразу после этих слов старик возвращается к тому, *что от него зависит*, чем он занят в нынешнее время:

— Хлебушка принесть ли еще? Парнишке еще дать? — обратился он к Дарье Александровне, указывая на Гришу, который доедал корку (с. 433).

Но Кознышев не сдается, и когда Левин говорит, что «в восьмидесятимиллионном народе всегда найдутся не сотни, как теперь, а десятки тысяч людей, потерявших общественное положение, бесшабашных людей, которые всегда готовы — в шайку Пугачева, в Хиву, в Сербию...», то Кознышев контратакует:

— Да, если ты хочешь арифметическим путем узнать дух народа, то, разумеется, достигнуть этого очень трудно. И подача голосов не введена у нас и не может быть введена, потому что не выражает воли народа; но для этого есть другие пути. Это чувствуется в воздухе, это чувствуется сердцем. Не говорю уже о тех подводных течениях, которые двинулись в стоячем море народа и которые ясны для всякого непредубежденного

> человека; взгляни на общество в тесном смысле. Все разнообразнейшие партии мира интеллигенции, столь враждебные прежде, все слились в одно. Всякая рознь кончилась, все общественные органы говорят одно и одно, все почуяли стихийную силу, которая захватила их и несет в одном направлении (ч. 8, гл. 16, т. 9: 434).

Однако красноречие Кознышева разбивается вдребезги от одного лишь комментария князя Щербацкого:

> — Да это газеты все одно говорят. Это правда. Да уж так-то все одно, что точно лягушки перед грозой. Из-за них и не слыхать ничего (с. 434).

В предыдущем варианте главы Толстой еще сильнее настаивал *на роли газет* в том, что касается «выражения воли народа» в славянском деле: «Более всех производили шума газетчики. Им, живущими новостями, казалось, что не может быть не важно то, что дает такой обильный плод новостей» (ПСС, 20, с. 548).

Но Левин видит, что убедить брата нельзя и что он сам не может согласиться с ним. Только одно несомненно для него — спор раздражал брата Сергея, и поэтому спорить было дурно.

Так Толстой поднимает в последней главе вопрос «общественного мнения» и усматривает в нем опасность разрыва между конкретной жизнью человека и теми идеями, которые он впитывает в себя из «общественности». Чуткий ко всякой фальши, Толстой видит в «общественности» угрозу той настоящей, натуральной жизни, где все «сопряжено» естественным образом и где рассуждения человека выстраданы жизнью. Толстой привлекает наше внимание к новому социальному феномену: сербская война породила в обществе особую идеологизированную риторику (*братья-славяне, хоровые начала, строй общины, «народ заговорил»* и т. п.). Толстой воспринимает все это как опасное пустословие, в котором многие ищут себе духовное прибежище среди неурядиц рутинного бытия и которое создает иллюзию причастности к чему-то высокому, подлинному. А истинная жизнь заключается в тех «подробностях», которые Кознышев и подобные ему расценивают как недостойные серьезного внимания. Высокопарная дискуссия о славянском братстве не случайно разворачивается на *пчельнике*, где человек занят простым и древним делом — пчеловодством — и делится плодом своих деяний с другими людьми. Это и есть то, «чем люди живы». Мед — символ мудрости и любви с древних времен, выступает в этом эпизоде символом бытийной подлинности, поиски которой Толстой и полагает целью человеческого пути.

Эпилог

Проза — труднейшая форма поэзии.

Андрей Белый

В известном письме к своему другу Николаю Страхову, написанном в апреле 1876 г., Толстой так комментирует процесс своей работы над *Анной Карениной*.

> Если же бы я хотел сказать словами все то, что имел в виду выразить романом, то я должен бы был написать роман тот самый, который я написал, сначала. И если близорукие критики думают , что я хотел описывать только то, что мне нравится, как обедает Облонский и какие плечи у Карениной, то они ошибаются. Во всем, почти во всем, что я писал, мною руководила потребность *собрания мыслей, сцепленных между собою*, для выражения себя, но каждая мысль выраженная словами особо, теряет свой смысл, страшно понижается, когда берется одна из того сцепления, в котором она находится. Само же сцепление составлено не мыслью (я думаю), а чем-то другим, и выразить основу этого сцепления непосредственно словами никак нельзя; а можно только посредственно — словами описывая образы, действия, положения (ПСС, 62: 268—269).

Таков фундамент толстовской «теории сцеплений», получивший множество интерпретаций в научной и критической литературе. Толкования цитированного фрагмента были самыми разными, поскольку Толстой не предлагает нам «теорию» в строгом смысле, а, скорее, описывает работу своей художественной интуиции (писатель определяет ее как «что-то другое», отличное от мысли).

Но Толстой не был бы Толстым, если бы он не присовокупил тут же некоторые «учительские» назидания. В том же письме читаем:

> Теперь же, правда, что когда 9/10 всего печатного есть критика, то для критики искусства нужны люди, которые бы показывали бес-

смыслицу отыскивания мыслей в художественном произведении и постоянно *руководили бы читателей в том бесконечном лабиринте сцеплений, в котором и состоит сущность искусства*, и к тем законам, которые служат основанием этих сцеплений (ПСС, 62: 269).

Художественное произведение — это не статичная, раз и навсегда установленная, конструкция, но «бесконечный лабиринт сцеплений», то есть многослойная словесная сеть, воссоздаваемая каждым читателем — вслед за автором — в процессе чтения. Наставление Толстого критикам заключается в простой рекомендации: помогите читателям научиться читать. Не случайно подобные заботы о читателе возникли у Толстого именно в 1870-е годы, когда он опять увлекся преподаванием и работал над своей «Азбукой». Разумеется, учиться читать по толстовской «Книге для чтения» и учиться «читать» роман *Анна Каренина* — это совершенно разные «учебные программы».

Тот факт, что романы Толстого не были подвергнуты «медленному чтению», которое принято в исследованиях поэзии, наверно, связан с их объемами. Как найти «рифмы» или другие «ключевые слова», как отследить движение и ветвление разных мотивов и реализующих их сложных метафор в той массе текста, какую представляет собой *Анна Каренина*? Кроме того, анализ текстов Толстого пострадал, по-видимому, еще и оттого, что писателя определили в разряд «реалистов XIX-го века».

Это, в свою очередь, часто означало и «прочтение XIX-го века», по инерции продолжающееся и по сей день и состоящее из непосредственных впечатлений и сравнений с «реальным» миром, который «отразился» в романе. Кроме того, всегда был велик соблазн смотреть на текст Толстого через призму его собственных многочисленных рассуждений и теоретизирований о литературе, обществе, религии и пр. (благо писатель высказывался обо всем и вся), а не углубляться собственно в поэтику Толстого, исходя прежде всего из самого художественного слова.

Как можно видеть из моего исследования, все обнаруженные «сцепления», будь то «медвежий след» или «дорожный мешок», неотделимы от языковой формы выражения. Естественно, в силу этого многое теряется в переводе на другие языки, и не может быть отслежено толстоведами, не знающими русского. Но и владение русским языком не гарантирует улавливания всех существенных ассоциаций. Увидеть «сцепления» и понять их смысл невозможно без погружения в культурную *память* языка — слова жили до нас, жили и до того, как начал писать сам писатель. *Память слова* всегда шире любой индивидуальной памяти и уходит глубоко в разные временные пласты, выходя за рамки одной эпохи. Но пренебрегать *авторским словом* тоже нельзя. Автор создает свой текст «на своем языке», и читателю предстоит воссоздать его, исходя именно из этого языка. Истинное понимание художественного произведения — «не пассивное, не воспроизводящее и не пересказывающее», говоря словами Мандельштама. Читатель выступает как *соавтор* писателя, в процессе сотворчества он углубляется в саму *ткань* романа, исследует образующие ее *волокна и узлы* и вычленяет все сплетенные фигуры и орнаменты. Только такая творческая работа над текстом ведет к его подлинному *пониманию*.

ЛИТЕРАТУРА

Толстой Л. Н. Собр. соч.: В 20 т. Т. 3. М., 1961; Т. 4—7. 1961; Т. 8—9. 1963; Т. 15. 1964.

Толстой Л. Н. Полн. собр. соч. Т. 18. М.; Л., 1934; Т. 19. 1935; Т. 20. 1939; Т. 61. 1953; Т. 62. 1953.

Толстой 1889 — Сочинения Графа Л. Н. Толстого. Война и мир. Т. 1—4. М., 1889.

Афанасьев 1982 — *Афанасьев А. Н.* Древо жизни. М., 1982.

Афанасьев 1996 — *Афанасьев А. Н.* Происхождение мифа. Статьи по фольклору, этнографии и мифологии. М., 1996.

Бабаев 1961 — *Бабаев Э. Г.* Сюжет и композиция романа «Анна Каренина». Толстой — художник: Сб. статей. М., 1961.

Бахтин 1986 — *Бахтин М. М.* Литературно-критические статьи. М., 1986.

Ветловская 1979 — *Ветловская В. Е.* Поэтика «Анны Карениной» // Русская литература. 4. 1979. С. 17—37.

Виноградов 1939 — *Виноградов В.* О языке Толстого (50—60-е годы) // Литературное наследство. 35—36. Л. Н. Толстой I. М., 1939. С. 117—220.

Гамкрелидзе, Иванов 1984 — *Гамкрелидзе Т. В., Иванов В. В.* Индоевропейский язык и индоевропейцы. Т. 1—2. Тбилиси, 1984.

Гинзбург 1971 — *Гинзбург Л.* О психологической прозе. Л., 1971.

Даль 1955 — *Даль В.* Толковый словарь живого великорусского языка. Т. 1—4. М., 1955.

Капица 1928 — *Капица О. И.* Детский фольклор. Л., 1928.

Лаврентьева 1990 — *Лаврентьева Л. С.* «Символические функции еды в обрядах». Фольклор и этнография. Проблемы реконструкции фактов традиционной культуры. Л., 1990.

Лотман 1980 — *Лотман Ю. М.* Роман А. С. Пушкина «Евгений Онегин». Комментарий. Л., 1980.

Лотман 1992 — *Лотман Ю. М.* Культура и взрыв. М., 1992.

Мифы народов мира в двух томах. Т. 1. М., 1980; Т. 2. 1982.

Петров 1981 — *Петров В. П.* «Заговоры». Из истории русской советской фольклористики. Л., 1981.

Потешки. Считалки. Небылицы / Сост. А. Н. Мартынова. М., 1989.

Пушкин 1957 — *Пушкин А. С.* Полн. собр. соч.: В 10 т. Т. 6. М., 1957.

Славянская мифология 1995 — Славянская мифология. Энциклопедический словарь / Под ред. Л. М. Анисова. М., 1995.

Русская народная поэзия. Обрядовая поэзия. Л., 1984.

Толстая 1978 — Толстая С. А. Дневники в двух томах. Т. 1: 1862—1900. М., 1978.

Топоров 1996 — *Топоров В. Н.* «Две заметки из области русской литературы (Тургенев, Толстой)». Поэтика. Стилистика. Язык и культура. Памяти Т. Г. Винокур. М., 1996. С. 46—52.

Успенский 1970 — *Успенский Б. А.* Поэтика композиции. М., 1970.

Цивьян 1988 — *Цивьян Т. В.* «К структуре художественной речи у Достоевского (использование французского языка в «Подростке») // Semiotics and the History of Culture. In Honor of J. Lotman. Columbus (Ohio): Slavica Publishers, 1988. P. 424—437.

Шкловский 1974 — *Шкловский В.* Собр. соч.: В 3 т. Т. 2: Лев Толстой. М., 1974.

Шкловский 1981 — *Шкловский В.* Энергия заблуждения. Книга о сюжете. М., 1981.

Эйхенбаум 1974 — *Эйхенбаум Б.* Лев Толстой. Семидесятые годы. Л., 1974.

Эйхенбаум 1987 — *Эйхенбаум Б.* «Молодой Толстой». О литературе: Работы разных лет. М., 1987. С. 34—138.

Якобсон 1987 — *Якобсон Р.* Работы по поэтике. М., 1987.

Friedrich 1966 — *Friedrich P.* Structural implications of Russian pronominal usage // Sociolinguistics, proceedings of the UCLA Sociolinguistics Conference 1964 / Ed. by W. Bright. The Hague; Paris, 1966.

Lyons 1979 — *Lyons J.* Pronouns of Address in Anna Karenina: The Stylistics of Bilingualism and the Impossibility of Translation // Studies in English Linguistics for Randolph Quirk / Eds. G. Greenbaum et al. London, 1979.

Nabokov 1982 —*Nabokov V.* Lectures on Russian Literature. New York; London, 1982.

Steiner 1989 — *Steiner G.* Tolstoy or Dostoevsky. An Essay in Contrast. London; Boston, 1989.

Барбара Леннквист

ПУТЕШЕСТВИЕ ВГЛУБЬ РОМАНА

Лев Толстой: Анна Каренина

Издатель А. Кошелев

Зав. редакцией М. Тимофеева

Корректор А. Полякова

Оригинал-макет подготовлен Е. Морозовой

Подписано в печать 10.09.2010. Формат $60 \times 90^{1}/_{16}$.
Бумага офсетная № 1, печать офсетная. Гарнитура Times.
Усл. печ. л. 8. Тираж 1500 экз. Заказ № 3806.

Издательство «Языки славянской культуры».
№ госрегистрации 1067746430102.
Тел.: 959-52-60. E-mail: **Lrc.phouse@gmail.com**
Site: **http://www.lrc-press.ru, http://www.lrc-lib.ru**

Отпечатано с готовых диапозитивов в ОАО ордена «Знак Почета»
«Смоленская областная типография им. В. И. Смирнова».
214000, г. Смоленск, проспект им. Ю. Гагарина, 2.